PERFUMES MÁGICOS

VICTORIA BRAOJOS

www.perfumesmagicos.guiaburros.es

EDITATUM

Si después de leer este libro, lo ha considerado como útil e interesante, le agradeceríamos que hiciera sobre él una **reseña honesta en Amazon** y nos enviara un e-mail a **opiniones@guiaburros.es** para poder, desde la editorial, enviarle **como regalo otro libro de nuestra colección.**

Agradecimientos

A las personas que llenan de aromas bellos y fascinantes mi vida.

Con especial amor a mi ramillete de flores: mi hija y mi marido, Verona Alserawan, F. Javier Gómez, mi sobrina Zaira Braojos, y a mis hermanos Eva, Jacinto y Daniel.

Sobre la autora

Victoria Braojos Nieves "Ayala" es directora, fundadora y profesora de la Escuela Esotérica Europea "La Orden de Ayala", que cuenta con seis centros en España abiertos desde hace trece años.

Lleva más de veinte años investigando, coleccionando, estudiando y practicando en diferentes países temas relacionados con el ocultismo y el esoterismo. Especializada en magia ritual, tarot y simbolismo, es la autora de cinco libros relacionados con la magia ceremonial, el tarot, los oráculos adivinatorios y el análisis simbólico de los sueños. Además ha reeditado tres barajas inéditas de los siglos XIX y XX, con sus respectivas investigaciones.

Perfumista y alquimista de la Abadía del Perfume, todo su trabajo y trayectoria la han convertido en un referente internacional, dando conferencias por todo el mundo.

Presidenta de ASES (Asociación esotérica de las ciencias ocultas y espirituales española) y directora del Museo de la Baraja y el Tarot desde hace seis años, es la fundadora y organizadora del Congreso Internacional de Baraja y Tarot y del Congreso Internacional Esotérico de las Ciencias Ocultas, que llevan celebrándose desde el año 2016 en Madrid y Marbella. Además es autora de *GuíaBurros: Lo que revelan tus sueños*. Actualmente estudia un doble grado de psicología y periodismo.

Índice

"En mi ciudad, las otras mujeres sabían también hablar a las plan-tas, pero mi madre debía de saber más que las otras, pues ninguna de estas tenía tan bonitos follajes ni flores tan opulentas".

Recuerdos
Kyokutei Bakin

Introducción

Hace unos años llevé a cabo un precioso proyecto. Se trataba de vestir la piel de una forma fascinante. Sería como llevar un vestido invisible pero muy especial, con el cual la persona pudiera provocar ciertos efectos en los demás y en él mismo. Un perfume que impregnara la piel, y a la vez invadiera a la persona de ciertos sentimientos que le ayudaran a conseguir los propósitos que deseara. Quería vestir a la persona con su perfume personalizado.

Un perfume personalizado que exacerbara todas las virtudes de la persona, que hiciera resaltar su belleza y fuera en consonancia con su personalidad, haciéndole sentir mucho mejor y más feliz. En definitiva, la alquimia durante tantos años usada con mis clientes en los centros esotéricos de la Orden de Ayala, y que de forma velada y mágica les ayudaba, ahora estaría al servicio de cualquier persona que así lo quisiera.

La experiencia fue maravillosa, pero conseguir esa formula personalizada para cada cliente llevaba mucho tiempo. Además, requería un análisis profundo y cercano de la persona. Por otro lado, era necesario que esa fórmula olorosa y única, variara según el motivo y el momento en que se utilizara.

Lógicamente, no es lo mismo un perfume para ser más magnético en una fiesta que un perfume destinado para provocar una sensación de seguridad en un jefe que te está haciendo una entrevista de trabajo. Al igual que cada ropa sirve para un evento determinado, con el perfume y los aromas pasa igual. Cada perfume tiene su ocasión.

"Una fragancia bien escogida puede ser una característica distintiva. Es la primera cosa que la gente percibe cuando entras en una habitación y la última que sienten cuando te vas".

Giorgio Armani
Diseñador de moda

Capítulo 1

Una idea con mensaje

Cuando me presentaron la idea de hacer un libro sobre perfumes mágicos, todo lo vivido y aprendido hasta el momento en torno a las flores, las hierbas, las esencias, los aromas, los perfumes alquímicos y personalizados, me dio la clave.

¿Por qué en vez de fabricar yo cada perfume personalizado, no escribía este libro con el afán de enseñar a construir de primera mano, a cada persona que así lo deseara, su propio perfume mágico según sus circunstancias?

Un libro-herramienta, con los secretos y fórmulas recopilados y aprendidos durante toda mi vida. Un manual que ayudara a la persona a configurar su perfume personalizado. Un perfume para cada circunstancia y que fuera en consonancia con su personalidad. ¿Quién mejor que uno mismo para saber sus propias preferencias, gustos y necesidades? Y así nació este libro fascinante.

He de confesar que algunas de estas fórmulas están ya insertadas de manera sibilina en anteriores obras mías, de corte más esotérico. Son fórmulas compartidas de una manera discreta, debido a la creencia de que el destino jugaría a favor de la persona que las necesitara o tuviera realmente interés en estos conocimientos y fórmulas, en las que he empleado muchos años de mi vida como parte de un trabajo mágico.

Los aromas son, con total seguridad, un regalo de la naturaleza, y sé de sobra que están a disposición de todos, pero también sé que no todos queremos aceptar estos presentes que nos ofrece la vida gratuitamente, muy posiblemente por desconocimiento.

Esa es la clave: facilitar a todo el que lo desee ese conocimiento que he acumulado durante toda mi vida en forma de un libro sencillo de entender e interpretar, lleno de recetas aromáticas para todos los gustos y que se puedan usar de forma rutinaria en la vida de cualquier persona.

En realidad y de manera inconsciente, todos los días nos vestimos con aromas: el aroma a café en las mañanas, el olor a *cruasanes* cuando desayunamos, el ambientador del coche que nos regaló nuestra mejor amiga, el aroma del puchero de nuestra madre los domingos, el olor a tinta de la oficina, el aroma a tierra mojada cuando llueve, el frescor del campo cuando salimos a caminar, etc...

Esos aromas, efectivamente, nos visten cada día. Sin darle importancia, "cargamos con ellos", pero sin duda, en los demás y en nosotros, esos aromas provocan ciertos efectos que ni siquiera conocemos, pero sí notamos.

En definitiva, nunca había realizado un manual expresamente dedicado a los perfumes mágicos y que pudiera ser usado por cualquier persona alejada del mundo esotérico. Ha llegado la hora.

"Un perfume exitoso es aquel cuya fórmula es tan hermosa como la fragancia… Aquel que hace que la mujer que lo lleve sonría y despierte el deseo en un hombre…"

François Demachy
Perfumista

Capítulo 2

El poderoso sentido del olfato

Seguro que alguna vez se ha cruzado con alguien a quien no prestó importancia; ni siquiera le vio la cara, pero instantes después "instintivamente" se giró a mirarlo, debido a que se sintió completamente atraído por el aroma que desprendía. O seguro que al pasar cerca de una chocolatería, sus aromas le llevaron a recordar un capítulo de su infancia, quizás una rica merienda de pan y chocolate compartida con sus amigos. Y es que está más que comprobado que el perfume causa un impacto sin igual, al que deberíamos dar tanta importancia como al color que elegimos para nuestra ropa, a nuestra forma de hablar o incluso a nuestra forma de gesticular. Pero desgraciadamente el olfato ha pasado a convertirse en uno de los sentidos más desaprovechados y menos educado. El sentido del olfato no se aplica habitualmente para caracterizar los distintos matices de un aroma, a pesar de estar íntimamente relacionados con el mundo de los sentimientos y las sensaciones.

Muchos científicos dan a entender que esto es parte de la evolución del ser humano, y parece que actualmente solo existe aquello que podemos ver o tocar, dejando a un lado sentidos tan importantes e innatos en el ser humano como la intuición o, más claramente con el sentido que nos ocupa, el olfato. Sentidos todos útiles, con los que primitivamente nos guiábamos para nuestra supervivencia. Ese tenerlo "todo fácil" ha quitado agudeza a muchos de nuestros sentidos. Es realmente importante ser conscientes de ello y volver a utilizarlos. Está en nuestra naturaleza, como el aroma en las flores.

Gloria Rodríguez-Gil, MEd, coordinadora regional para América Latina y el Caribe para Perkins International, con casi treinta años de experiencia en el campo de la educación especial, con énfasis en ceguera y deficiencia visual, discapacidad múltiple y sordo-ceguera, explica en un interesantísimo artículo cómo funciona el sentido del olfato:

"El sentido del olfato, al igual que el sentido del gusto, es un sentido químico. Se denominan sentidos químicos porque detectan compuestos químicos en el ambiente, con la diferencia de que el sentido del olfato funciona a distancias mucho más largas que el sentido del gusto. El proceso del olfato sigue más o menos estos pasos:

1. *Las moléculas del olor en forma de vapor (compuestos químicos) que están flotando en el aire, llegan a las fosas nasales y se disuelven en las mucosidades (que se ubican en la parte superior de cada fosa nasal).*

2. *Debajo de las mucosidades, en el epitelio olfatorio, las célu-
las receptoras especializadas, también llamadas neuronas
receptoras del olfato, detectan los olores. Estas neuronas
son capaces de detectar miles de olores diferentes.*

3. *Las neuronas receptoras del olfato transmiten la información a los bulbos olfatorios, que se encuentran en la parte
de atrás de la nariz.*

4. *Los bulbos olfatorios tienen receptores sensoriales —que
en realidad son parte del cerebro— que envían mensa-
jes directamente a los centros más primitivos del cerebro,
donde se estimulan las emociones y memorias (estructuras del sistema límbico) y a centros "avanzados" donde se
modifican los pensamientos conscientes (neocorteza). Estos
centros cerebrales perciben olores y tienen acceso a recuerdos
que nos traen a la memoria personas, lugares o situaciones
relacionadas con estas sensaciones olfativas".*

Desde Nueva York, en la Universidad Rockefeller, se
pudo demostrar que el olfato estaba por encima de los
otros sentidos respecto a lo que se podía llegar a recordar
gracias a ellos. El estudio decía que se llegaba a recordar
el 1 % de lo que se tocaba, un 2 % de lo que se escucha-
ba, el 5 % de lo que se veía, un 15 % de lo que se probaba
y un 35 % de lo que se olía. Incluso el neurocientífico,
John P. McGann, de la Universidad de Rutgers, en Estados Unidos, asegura que una persona puede detectar
hasta un billón de olores diferentes.

Mi propuesta es, pues, que este libro pueda guiarte por el mundo de los aromas y sus usos. Utilizarlos adecuadamente para cada ocasión. Provocar a través de tu aroma personal un efecto especial en los demás. Vestir tu casa o tu empresa con la esencia adecuada, llenando estos espacios de olores que se alíen para provocar armonía, felicidad o cualquier otro sentimiento que creas conveniente y beneficioso, o —¿por qué no?— incluso hasta intentar atraer a través de la combinación de ciertos aromas la buena suerte.

¡Sí! Alquimistas, perfumistas, empresas de cosméticos, cocineros, empresas gastronómicas y hasta compañías de *marketing*, han usado los aromas a lo largo de la historia y los utilizan actualmente para provocar ciertos "efectos" en las personas a través del sentido del olfato.

¿No crees que es magnífico que tú puedas también usar esos secretos y beneficiarte de ellos?

Pues comencemos.

"Estas damas (las flores) tienen dos lenguajes: uno que solo ellas comprenden y otro que nosotros conocemos. El primero es puramente íntimo, y ya que no lo entendemos, lo percibimos en el perfume delicioso que se aspira, y que no es otra cosa que purísimas frases y alimento embalsamado".

El lenguaje de las flores
La Baronesa de Fresne

Capítulo 3

El aroma en nuestro día a día

Imagino que al hablarte de perfumes diseñados a medida y leerte la historia del perfume anteriormente contada, te ha venido a la cabeza la imagen de pipetas, alambiques y complicadas fórmulas. Esto para realizar ciertos perfumes quizás sea necesario. Pero en realidad, alrededor de ti tienes a tu alcance aromas naturales y nada complicados de conseguir, que si aprendes a usar de forma sencilla y habitual te pueden conducir con relativa rapidez a tener sensaciones que ni siquiera sospechas, o conseguir que los demás las tengan. Recuerda que el oler o integrar un tipo de aroma u otro puede cambiarte por completo el día.

Por ejemplo, ¿sabías que si usas unas virutas de coco natural rallado en un guiso, la comida potenciará sus aromas y todo estará más sabroso en boca? O que si por las mañanas te frotas las manos con hierbabuena fresca, te sentirás más relajado y enérgico para afrontar el día. Incluso, seguro que has visto alguna vez una cesta con membrillos a la entrada de un restaurante o en los armarios, entre la ropa de la casa de campo de tus padres o abuelos; pues esto es debido a que el aroma a membrillo provoca felicidad y ganas de comunicación. Así que si pones membrillos frescos en el centro de la mesa donde soléis comer la familia, o usas una prenda que ha estado en contacto con el perfume de esta fruta, el resultado será un sentimiento de alegría y bienestar que te ayudará a expresarte más y mejor. Y, ¿quién no se ha tomado una manzanilla y el solo hecho de aspirar su perfume le hizo sentirse mejor?

Para esta guía hemos seleccionado los perfumes y aromas más sencillos de conseguir y con los que convivimos en nuestra día a día. Sin complejas recetas y sin ahondar en nomenclaturas complicadas de aprender y poco prácticas.

Este libro pretende ser funcional y ameno. Encontrarás diferentes tests y guías para configurar tu libro personal de perfumista mágico.Así que sin vacilar más, ahondemos juntos en el lenguaje del perfume que le ayudará a conectar y conocer la naturaleza, además de integrarla en su vida de manera habitual para sentirte mejor y más feliz. Sin olvidar que usted comenzará a usar el sentido del olfato de manera consciente y como una herramienta más que ya poseía, pero que quizás quedó algo olvidada.

"Las personas comenzamos a formar memorias olfativas muy temprano, incluso antes de nacer".

Miguel Morán
Director de marketing de Álava Reyes

Capitulo 4

Marketing olfativo

Son archiconocidos los cinco sentidos del cuerpo humano: vista, oído, olfato, gusto y tacto. Si tuviéramos que elegir quedarnos con uno o privarnos de algunos de ellos, estoy segura de que la elección sería muy complicada, pues todos ellos en su conjunto nos hacen disfrutar de la experiencia de la "vida".

Las empresas de *marketing* se preocupan mucho por ofrecerle a los clientes de sus marcas una experiencia que se quede grabada en cada uno de esos sentidos, pero como hemos explicado antes, el olfato tiene más resonancia.

Quizá esto sea porque si hay uno de estos cinco sentidos que nos transporta fácil y sutilmente a recuerdos de los más variados, ese es el olfato.

Carmen María Díaz López hizo una investigación para la Universidad de León (España), titulada: ¿Qué olor tienes en la mente? En ella nos define así el *marketing* olfativo:

"El marketing olfativo se basa en una ciencia moderna, derivada del marketing sensorial y el neuromarketing, que utiliza aromas específicos con el fin de influir en los comportamientos del consumidor y aumentar los beneficios empresariales".

Lo que está claro es que gracias a nuestra nariz los olores se cuelan y nos provocan sensaciones de lo más variadas, tales como: alegría, nostalgia, rechazo, miedo, amor, odio, etc. Es quizás por eso que afamadas marcas utilizan esta información y la capacidad evocadora de los perfumes para impregnar sus locales y productos. Así nos hacen revivir ciertas emociones, que nos hacen sentirnos mejor y más receptivos hacia lo que nos ofrecen.

Si la experiencia vivida es positiva, cada vez que vuelvas a reconocer ese aroma, por ejemplo, en una prenda que hayas comprado en un lugar determinado, te sentirás bien al usarla; muy seguramente te volverán a entrar ganas de acudir de nuevo a esa tienda cuando necesites una prenda, o al pasar por la puerta del local, si está abierta y aparece el aroma, entrarás instintivamente.

Un valor añadido, el de los aromas, que ninguna empresa debería pasar por alto. No solo para mejorar la experiencia del comprador —el marketing olfativo ya se ha situado como otro punto fuerte para aumentar las ventas—, sino también para mejorar la actividad de sus trabajadores, que seguramente en un ambiente evocador y armónico trabajarán mucho más a gusto y mejor. Al igual que hay empresas que ponen músicas motivadoras para activar a sus trabajadores, con un perfume que active puede pasar lo mismo; es el caso, por ejemplo, del aroma a café. Cuando un olor se asocia a una marca, esta es mucho más fácil de reconocer y recordar.

Sé que quizás lo difícil es elegir el perfume adecuado y saber exactamente qué provocar en los clientes. Esto mismo nos pasa también cuando queremos elegir el perfume perfecto para uno mismo. La elección no suele hacerse solo en base a nuestros gustos, sino también pensamos en que el perfume agrade y sea cómodo para los demás. Esto aumenta aún más su importancia cuando es un aroma destinado para un fin comercial

Para esto, es básico en la elección del perfume cumplir con unos requisitos básicos:

- **¿Cómo es la marca, qué la define y con qué se identifica?** Hay que conocer sus valores, los gustos de sus clientes, a quién pretende llegar, los colores que usa, su logotipo, qué quiere alcanzar con sus campañas publicitarias, por qué necesita añadir esta técnica de *marketing* olfativo en su estrategia publicitaria, etc.

- **Analizar qué quiere transmitir la marca a través del aroma.** Felicidad, alegría, armonía, motivación, etc..

- **Analizar qué pretende conseguir la marca a través del aroma.** Más ventas, imagen de marca, posicionarse en el mercado, que el comprador esté por más tiempo en uno de sus establecimientos, asociarse a un olor, impacto para un evento determinado, una acción publicitaria concreta, etc.

Haremos un resumen de lo analizado anteriormente y crearemos el mejor perfume para la ocasión.

> **EJEMPLO**
>
> Una empresa cuyos valores sean fomentar los productos ecológicos, que venda prendas de vestir destinadas a actividades deportivas para el día a día, cuyos locales estén decorados de madera y materiales reciclables y que tenga como logotipo un árbol con tonos verdes. Esta empresa deberá buscar una fragancia fresca y motivadora, por ejemplo, un aroma activador —ya que la prenda es para hacer ejercicio físico— que le recuerde al campo, que les transporte a esos momentos en los que, por ejemplo, al correr se siente libre; que le haga percibir ligereza, limpieza y salubridad, en conexión con la naturaleza. Son, por ejemplo, los perfumes que se encasillan dentro de la familia "helecho"; son perfumes que inspiran frescura, ligereza, sensación de libertad, etc. En definitiva, que al sentir el aroma del local este perfume le motive a tener ganas de introducir el deporte en su vida, o practicarlo con las prendas que allí se venden, y esto represente tener experiencias positivas y saludables.

Para elegir este aroma nos iremos al glosario de esencias —es importante antes conocer las familias en las que se clasifican los perfumes y qué inspira cada una de ellas—, observaremos sus propiedades, apuntaremos las que más tengan que ver con lo que pretendemos, gracias al análisis y resumen que responden a las cuestiones anteriores, y seguiremos la técnica para fabricar nuestro perfume personalizado, que te contaré en el capitulo titulado "El perfumista mágico. Forma y métodos para crear un perfume artesanal, personalizado y fascinante".

Recuerda que tendrás que hacer varias pruebas, pues es importantísimo que además de lo que pretendes, tú también te identifiques con ese aroma, pues de alguna forma tú serás quien "lo defienda" y lo "promocione" ante los demás.

Si no es para un proyecto particular, sino para una empresa externa, tendrás que contar siempre con la opinión de los directivos o dueños de la empresa que hayan tomado la decisión de usar el *marketing* olfativo.

"¿Es el perfume una suave y dulce balada, que se nos graba en piel y alma cuyo recuerdo no puede alejarse jamás?"

Victoria Braojos "Ayala"
Perfumista y alquimista

Capítulo 5

Un aroma para cada ocasión, para cada persona y para cada espacio

Al igual que el capítulo anterior lo hemos dedicado a aromas creados especialmente para empresas, también cada persona, cada ocasión, cada espacio de nuestra vida y cada momento tiene su aroma particular.

¿Cómo saber cuál es el más apropiado?

Comencemos por ejemplo, con tu perfume personal. Muchas veces un primer impacto olfativo nos ha llevado a comprar tal o cual perfume, o simplemente usamos el que nos han regalado en nuestro ultimo cumpleaños o unas muestras que nos ofrecieron en la perfumería, o porque alguien nos lo recomendó. Esto es un error; jamás hay que comprar un perfume al olerlo por primera vez o porque nos lo hayan regalado o recomendado. El perfume va contigo y es realmente importante que te haga sentir bien. Es íntimo y personal. Antes de decidir comprar un perfume es importante valorar:

-En qué estado de animo te encuentras.

-Qué olores te incomodan y con cuáles te sientes más a gusto.

-Para qué momento usarás el perfume. No es lo mismo para el día, la noche, el campo, la playa, o para ir a una fiesta o una comida familiar.

-Qué pretendes conseguir a través de tu perfume. Sentirte cómodo, gustarte más y gustar más, inspirar elegancia, aplomo, vitalidad, etc.

Test para conocer tus gustos aromáticos para la personalización del perfume

Una vez respondas estas preguntas, ya puedes elegir tu aroma ideal, aparte de poder fabricar el tuyo propio. En estos momentos es relativamente sencillo poder obtener la información de las notas olfativas que contiene un perfume de marca reconocida, y así poder conocer con las que más te identificas y luego poder elegir el que más te guste.

TEST PARA CONOCER SUS GUSTOS AROMÁTICOS PARA LA PERSONALIZACIÓN DE SU PERFUME

1. ¿Prefieres el olor a flores, frutas, maderas, cuero, musgo, hierba, cítricos, incienso o especias?

2. ¿Cuál es el olor y el color que más te gusta?

3. Un aroma que te lleve a sus momentos más felices.

4. ¿Qué flor te gusta oler?

5. ¿Prefieres un aroma dulce, seco, húmedo o amargo?

6. ¿Qué perfume usas habitualmente?

7. Al ponerte un perfume en la piel, ¿qué valoras más?

. Que sea fresco.
. Que dure mucho.
. Que tenga un aroma muy suave.
. Que sea un aroma que se haga notar.
. Que sea un aroma que pase totalmente desapercibido.

8. ¿Qué tipo de piel tienes (grasa, seca o mixta) y cuál su tonalidad?

9. ¿Mar, río, campo, ciudad, pueblo, montaña, sierra o bosque?

10. ¿Qué clima y parte del día prefieres?

11. Si pudieras ponerle un color a tu corazón, ¿cuál elegirías?

12. Un lugar que desearías conocer o que te encante.

13. ¿Cómo te consideras:
romántico/a, aventurero/a, alegre, misterioso/a, elegante, seductor/a, original, creativo/a, divertido/a, solitario/a, extrovertido/a, introvertido/a…?

14. ¿Con qué animal, forma u objeto te identificarías?

15. ¿Cuál es tu estado de ánimo?

En el caso de elegir un incienso, saquito perfumado o ambientador para un espacio, debes seguir estas reglas:

- **Elige un aroma que no sea demasiado invasivo.**

- **Analiza para qué ocasión es.** Una comida familiar, una fiesta entre amigos, el olor habitual de tu casa, etc. No es lo mismo un aroma que usarás puntualmente, que uno con el que tengas que convivir en tu día a día. Así, como tampoco es lo mismo un aroma para una comida familiar, donde se suele buscar la armonía, que un aroma para una fiesta, donde buscamos un aroma que inspire alegría y motivación. Recuerda que el aroma influye directamente en el estado de ánimo, pudiendo provocar desde alegría hasta apatía, motivación o relax, rechazo o integración, etc.

- Si es para los armarios, **recuerda que este aroma tiene que ser compatible con el perfume que usas,** pues si no el contraste puede ser terrible. Lo mismo pasa con el detergente y el aroma del suavizante. Es apropiado elegir aromas que potencien a otros, que carezcan de perfume o que no neutralicen el aroma de tu perfume habitual.

"Ser perfumista es más cuestión de cerebro que de olfato".

Jordi Fernández
Perfumista

Capítulo 6

Ser perfumista

La experiencia te lo dará todo. Sin duda, estar dotado de una buena nariz, un instinto exquisito y ser creativo son principios fabulosos. No debes preocuparte si consideras que no cuentas con estas herramientas de base; trabajar con el perfume te ayudará a conocer tus potencialidades y agudizarlos.

El perfume cumple unas estructuras y hay buenas bases establecidas para combinar las esencias más o menos correctamente siguiendo ciertas pautas o incluso "recetas". Famosos perfumistas ya han establecido esas bases para conseguir las composiciones aromáticas más adecuadas para cada persona y ocasión, pero aun así hay mucho por descubrir y experimentar; por eso con este libro tratamos de que trabajes tu sentido del olfato (y paralelamente otros). Usándolo de forma útil, haciendo tus propias combinaciones, descubriendo las mejores y más bellas. Siempre desde tu propia experiencia, con la práctica irás creando perfumes cada vez más especiales.

Con esto no quiero decir que descartes todo lo que otros te puedan aportar. Aprender y acumular el conocimiento y la experiencia de otros siempre es de gran ayuda y te abrirá la ventana a nuevos mundos aromáticos.

Para ser un buen perfumista y tener una buena "nariz" es importante que comiences a oler cada elemento que te proporciona la naturaleza, escribiendo en un diario aquello que te inspira o provoca.

También el entorno, las personas, las cosas… Todos los olores son importantes, y lo que nos inspiran es fundamental para crear nuestro espacio aromático adecuado. Al igual que nos gusta estar rodeados de gente que nos aporte y nos haga la vida más fácil y feliz, con los aromas ocurre lo mismo.

Al despertarte, por ejemplo: es maravilloso que al abrir tus ojos la primera imagen que veas te resulte agradable, te traiga recuerdos bonitos o active tu mente. El aroma que debes percibir en ese despertar debe motivarte, hacerte sentirte seguro y lleno de vitalidad para afrontar el día. Este libro está lleno de trucos para que puedas conseguirlo.

Continuando con tu labor como perfumista te diré algo fundamental: sintonizar con la naturaleza es el primer principio para conocerla. Oler y conocer cada flor, resina, semilla, fruto, madera, etc. Es el comienzo básico; después deberás aprender a utilizarlos con el máximo respeto para tus esencias.

También hay muchos aromas sintéticos que tendrás que ir descubriendo. Por suerte hoy en día es muy fácil acceder a ellos, y conforme te vayas introduciendo en el mundo de los perfumes irás "coleccionando aromas". Pero como he dicho con anterioridad, la naturaleza nos ofrece tantos aromas de forma gratuita y desinteresada que será por estos por los que comencemos.

Partiendo de esta base comenzarás a ir configurando tus magníficas creaciones aromáticas. No temas a equivocarte; es normal cuando aprendemos cualquier oficio, no solo con el perfume. Tienes toda la vida para enmendar aquello que no termine de gustarte. Eso sí, es importante que de aquellas combinaciones que te parezcan mejores tomes anotaciones del proceso que has seguido para crearlas: elementos utilizados, cantidades, forma de uso más adecuadas, si lo realizaste para una persona o evento especial, qué resultado obtuviste, etc. De está forma crearás tu cuaderno de viaje como perfumista.

"Dos gardenias para ti, con ellas quiero decir: te quiero, te adoro, mi vida".

Isolina Carrillo
Compositora y pianista

Capítulo 7

Partitura musical odorífera
Cómo está configurado un perfume

El perfume se estructura como una partitura musical. Se mezclan distintas "notas" aromáticas de forma equilibrada y proporcionada. A esta mezcla de notas podríamos llamarlo acorde aromático. Estos acordes crearán una sinfonía única; es en esta sinfonía cuando el perfume adquiere una identidad propia y distintiva.

Por lo tanto, empecemos a conocer el concepto de notas aromáticas.

Notas aromáticas

Un perfume no solo integra esencias, sino que encontramos en su composición diversos elementos, entre ellos: absolutos, moléculas químicas definidas, resinoides, aceites esenciales, etc.

Antes de comenzar con la creación del perfume, hay que tener claro qué componentes utilizaremos y para qué. Estos componentes seguirán un orden íntimamente relacionado con la configuración del perfume. Esta configuración se divide en tres etapas, y las determina el tiempo en que tarda una materia prima o ingrediente del perfume en evaporarse. Son las siguientes:

- **La salida o cabeza.** Integra los componentes que se evaporan más fácilmente, y será lo que primero percibamos de un perfume. Estos componentes suelen ser: los cítricos, los agrestes, frutales, notas verdes, etc.Estas notas de salida suelen aparecer durante los primeros quince minutos de la utilización del perfume, aunque se pueden seguir apreciando hasta dos horas después. Casi siempre tomamos la decisión de elegir un perfume u otro basándonos en esta "salida" de aromas; es importante esperar y oler todas las notas antes de decidirnos.

- **Cuerpo o corazón.** Integra los componentes que tardan un poco más en evaporarse, y es el lazo de conexión entre las notas de salida y las de fondo. Es muy importante darle un buen "cuerpo" al perfume, ya que de él dependerá la "personalidad" de dicho perfume. Además, debemos concederle la duración precisa que permite acceder a la base. En el corazón del perfume encontramos las materias primas florales y los componentes químicos que obtenemos de forma natural de dichas flores. Estas notas aparecen a partir de los primeros quince minutos. Es de suma importancia darle esos primeros quince minutos al perfume para conocer las notas de cuerpo, ya que estas duran entre seis y ocho horas. Generalmente suelen ser como máximo estas horas el tiempo que solemos estar en el trabajo, en una fiesta, un evento, etc. Es decir, el tiempo que necesitamos desprender un agradable aroma. Es trascendental tenerlas en cuenta, ya que este será fundamentalmente el aroma que desprendamos durante este tiempo.

- **Base o fondo.** Esta es la parte más pesada del perfume. Encontramos aquí, lógicamente, los elementos a los que más les cuesta evaporarse, es decir, las moléculas más consistentes. Estos ingredientes son los que facilitan a las notas de salida y a las del cuerpo una evolución más lenta en su evaporación. Son, por lo tanto, estas notas de fondo las que ponen el toque final al perfume. Aparecen como a las tres horas de usar el perfume. Son las que más perduran en cualquier lugar donde las depositemos, ya sea la piel, una prenda, un ambiente determinado, etc. Aunque aporten el aroma final, no debes olvidar que siempre destacará más el cuerpo del perfume.

Dato. A veces el perfume no depende únicamente de las notas que lo componen. En muchas ocasiones pueden actuar como variante en el aroma de nuestro perfume la piel de la persona, el ambiente en que se mueva, las prendas que se usen, otras cremas o geles utilizados antes del perfume, etc. Las sinfonía de notas puede ser variada. Por eso es importante hacer algunas pruebas antes de decantarnos por un perfume concreto. Si vas a comprar un perfume ya preparado, primero llévate una pequeña muestra y pruébala al menos tres días para ver cómo reacciona ese perfume, y si realmente te causa el efecto y desprende el aroma que te hizo decantarte por él.

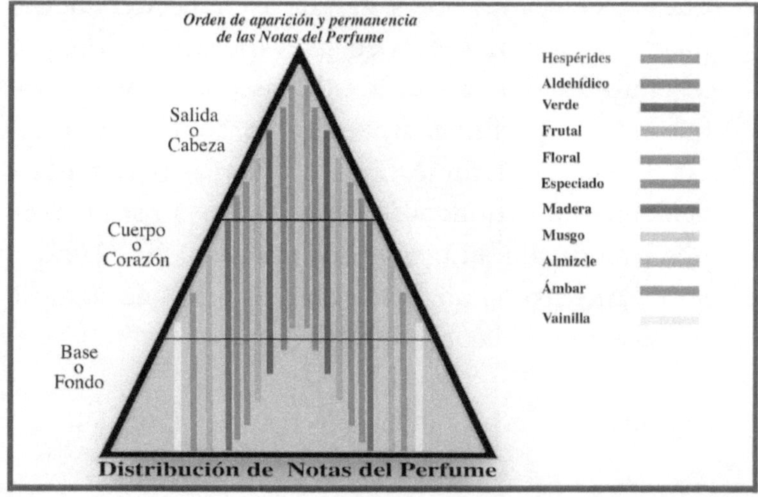

"El perfume es una historia en olor, a veces una poesía en memoria"

Gianni Versace

Diseñador de moda

Capítulo 8

Familias de perfumes
Clasificación

Antes de comenzar con la parte más práctica, es importante que conozcas las diferentes familias y subfamilias de los perfumes, qué aromas contienen cada una de estas familias y sus características más "mágicas".

Gran parte de la clasificación de aromas que aquí te dejo la comenzó a realizar la comisión técnica de la Sociedad Francesa de Perfumistas, editada por el Comité Francés del Perfume.

Por otro lado, las características mágicas de cada una de las familias es una clasificación personal, basada en el uso y efecto que he ido experimentando con estas fragancias, aunque sin dejar de lado sus características más tradicionales.

Después de cada familia encontraréis dos apartados que os explicarán sobre ellas:

- **Momento y ocasión más adecuado para usarlas.** Aquí explico las características generales, basadas en la composición de estos acordes aromáticos (ligero, pesado, armónico, penetrante, irritante, etc). También explico lo que suelen provocar, y cuándo estos aromas resultan más cómodos de usar; o sea, el momento del día o la ocasión más adecuada.

- **Características mágicas.** Entiéndase por mágico el significado tradicional y lo que ha inspirado al hombre cada uno de estas plantas, cortezas, flores, resinas, semillas, etc., así como las capacidades especificas energéticas de cada planta, hierba, fruta, flor, etc., de las que creemos que están provistas y que la historia les ha asignado. Ejemplo: la rosa roja significa tradicionalmente romanticismo.

¡OJO!

Es muy importante tener en cuenta la "otra" información sutil que todo elemento transmite, y que va muy en consonancia con la experiencia que cada ser humano de manera particular ha tenido con estos elementos, basada en una información que trasciende las puras características generales y el arquetipo asignado a cada una de estas hierbas, frutas, flores, madera, etc.

Es muy importante tener en cuenta la experiencia y los gustos de la persona que va a utilizar ese perfume y para qué, ya que todo el mundo no ha tenido las mismas experiencias, y aunque las generalidades suelen servir en un porcentaje muy alto, no siempre funcionan.

Siguiendo con el ejemplo de las rosas rojas, puede ser que una creación para ti sea perfecta porque cumple con los requisitos que buscas, pero que a una persona, al oler la rosa, le traiga a la memoria malos momentos, como esa "traición" de la que hablé antes. Por todo ello, aunque las características técnicas del perfume y las características "mágicas" sean para ti las ideales, claramente para esa persona no lo son, y con seguridad no causarás el efecto que pretendes, porque para esa persona el valor "mágico" ha variado con su experiencia. También es posible que a la persona le agrade el perfume personalizado que has realizado para ella, pero lo quiera destinar a agradar a una persona en concreto; si en ese caso es esa persona quien ha tenido la mala experiencia con las rosas, igualmente no se conseguirá el propósito de momento romántico. Para eso es importante realizar el test que antes propuse, sobre todo cuando es a un tercero a quien le realizamos el perfume. Por suerte hay muchísimas opciones para sustituir un aroma por otro y que sirvan para cosas parecidas. Basándonos en este test, es aconsejable tener siempre al menos tres opciones para ofrecer.

Clasificación por familias de los perfumes

Con cada una de las familias doy ejemplos de utilización, pero en el capítulo titulado "Glosario aromático" y en el capitulo titulado "Pociones mágicas" podrás ver más específicamente sus características y formas de uso.

Después de todas estas aclaraciones, comencemos con la clasificación de los perfumes:

Familia cítrica o hespérides

Todos los aromas de esta familia están constituidos por todas las *eaux fraiches* cítricas como la bergamota, el limón, la mandarina, el pomelo, la naranja, el azahar, el petit-grain o el naranjo agrio y el nerolí. A veces podemos encontrar acordes florales o de tipo "chipre".

Subfamilias

- **Cítrica aromática.** Se integran en la fragancia acordes aromáticos como el tomillo, el romero o el estragón. Agreste con un toque de sencillez.

- **Cítrica floral "chipre".** A los acordes florales como el jazmín y a un fondo con notas chipre, se le suma una base cítrica bastante contundente. Misterio y profundidad.

- **Cítrica especiada.** Se integran en la fragancia notas de pimienta, clavo, canela y nuez moscada. Alegre y con mucha chispa.

- **Cítrica maderada.** Fondos madera con cítricos refrescantes. Sobriedad positiva.

Momento y ocasión. La constitución de estos perfumes es ligera, armónica y fresca. Inspiran alegría, frescura, juventud y positividad. Sobre todo se usan en épocas de verano y noches de calor. Puedes usarlos después de hacer algún deporte o actividad física, para salir una noche con amigos a divertirte, citas desenfadadas, cuando necesites desahogarte o vibrar más positivamente, etc.

Características mágicas. Generalmente los "cítricos" los debemos usar en momentos en los que necesitemos cierta protección y alejamiento de energías que no nos gusten o nos resulten negativas. Por ejemplo, resultan eficaces en comidas familiares de las que queremos apartar negatividad; eso sí, siempre combinando estos cítricos con aromas de la familia "oriental". Esta combinación, además de apartar lo más negativo de la reunión, endulzará el carácter y el ambiente gracias a aromas de la familia oriental como la vainilla.

Familia floral

Siendo estas notas un componente de los más usados y encontrados en la perfumería, sobre todo femenina, una extensa variedad de *bouquets* florales hasta composiciones de soliflor se mezclan con toques verdes, aldehídicos, frutales o especiados.

Subfamilias

- **Floral acuática.** Un *bouquet* floral acompañado de un conjunto de notas marinas. Elegancia y armonía.

- **Floral aldehídica.** El ramo floral viene frecuentemente adornado con notas animales, talcosas o amaderadas. La salida está compuesta de aldehídos, asociados con Hespérides. Misterio y glamour.

- **Floral clavel.** El clavel se utiliza interviniendo en la elaboración de creaciones ricas y armoniosas. Equilibrio y tradición.

- **Floral frutal.** En 1995 surgieron en la perfumería las nuevas notas frutales. Sin dejar de estar bien presente el tono floral, se mezcla con notas frutales también claramente perceptibles, como las del albaricoque, la frambuesa, el lichi y la manzana, entre otras. Modernidad, juventud y romanticismo.

- **Floral jazmín.** La flor de jazmín enriquece la nota floral de cabeza, ayudando a la estructura elaborada y refinada del perfume. Sutileza.

- **Floral amaderada musgo.** Posee una nota de madera y/o de musgo, volviendo así la estructura más rica y moderna que la del perfume floral clásico. Juventud e innovación.

- **Floral muguete.** Un ramo floral cuya nota dominante es el muguete, que da al perfume una tonalidad fresca y primaveral. Diversión y alegría.

- **Floral rosa violeta.** El acorde floral dominante reposa sobre la rosa y la violeta. Elegancia y madurez.

- **Floral tuberosa naranjo.** Se caracteriza por una sensualidad particular.

- **Floral verde.** Su composición floral se mezcla con notas verdes que le dan una frescura más astringente. Fundamentalmente se emplean en la categoría galbanum, junto con notas con aroma a hierba cortada. Atrevimiento y frescor.

Momento y ocasión. Estos aromas se recomiendan para primavera, para ser usados por el día y en noches de calor. Constituyen un aroma muy elegante y sofisticado. Inspiran romanticismo, delicadeza y glamour. Puedes usarlos en una cena de gala, en un cocktail festivo, pero también en una reunión o una cita profesional donde principalmente quieras causar buena impresión.

Características mágicas. Generalmente utilizaremos los "florales" para captar la atención de otras personas. Si quieres proyectar una imagen delicada, romántica, elegante, sofisticada, glamurosa y apasionada, y que al mismo tiempo inspire confianza, esta es la familia adecuada. Si además quieres convertir este perfume en un atrayente o un perfume magnético, la mezcla con ciertos aromas chipre es perfecta. No hay que olvidar su principal propiedad, la de "florecer"; cuando estés en un proceso de cambio, reinicio o renacimiento, estos aromas te ayudarán.

Familia helechos

Denominados también como perfumes *fougére*, su origen se remonta al año 1882; fue cuando entró en escena y de manera impactante el perfume Fougére Royale (Houbigan). Esto derivó en que la familia aromática con un acorde compuesto de notas muy naturales, donde resalta la lavanda, la madera, el musgo de encina, el comino, la bergamota, etc., se llamara así. Son aromas contundentes, que suelen durar bastante, pero que además son refrescantes e inspiradores.

Subfamilias

- **Helecho floral ambarino.** Generalmente mezcla el moguer, ciclamen y la flor de azahar con notas ámbar. Suave y ligero.

- **Helecho especiado.** Boscoso con notas picantes, tonos a geranio y especias. Calidez y deseo.

- **Helecho aromático.** Boscoso con tonos cítricos y notas aromáticas como el romero o el tomillo, etc. Libertad y protección.

Momento y ocasión. Se recomienda usar estos aromas en días con un clima húmedo u otoñal, también en días calurosos. Un aroma que recuerda a un entorno natural o al bosque. Ideal para comidas familiares en el campo o picnic, eventos o ambientes deportivos, eventos cerca de la naturaleza, después de la piscina o un baño en verano. Para meditación, viajes largos, etc.

Características mágicas. Generalmente, los "helechos" los utilizaremos en momentos de mucho estrés o que de alguna forma te sientas desconectado de la naturaleza y/o necesites conectar con tu parte más espiritual. Es muy habitual sentir estrés, por ejemplo, antes de una boda. Este tipo de evento suele hacer que la atención esté en la preparación del acontecimiento en sí, y abstrae de lo que es realmente importante: la conexión con la persona con la que te vas a casar. Un perfume hespéride florido ambarino te aportará tranquilidad, dulzura y conexión con lo importante, sin perder la motivación y la atención de aquellas personas que necesites para desarrollar la boda.

Familia "chipre"

Utilizado en la antigua Roma, Coty lo redescubrió en 1917 y lo llamo "Chipre". Las notas de madera, musgo y flores son las predominantes, aunque a veces encontramos notas sobresalientes de cuero o frutas, consiguiendo un aroma rico y persistente. Todas estas notas reposan sobre acordes de *ciste-labdanum*, musgo de roble, bergamota y pachuli. Las notas chipre se funden con notas más frutales o florales. Todo ello, en conjunto, hace que sea un perfume con carácter, indicado más bien para la noche, ya que su impacto es fácilmente reconocible.

Subfamilias

- **Chipre floral.** Se integran a la fragancia notas florales tales como el muguete, la rosa y el jazmín. Aporta un aire desenfadado, sobre todo a las personas con un carácter demasiado serio.

- **Chipre frutal.** Se integran a la fragancia notas frutales como el melocotón, la ciruela mirabel y los frutos exóticos. Vivacidad y alegría.

- **Chipre verde.** Un fondo cálido con notas verdes muy frescas. Aire travieso y picante.

- **Chipre cuero.** Lo primero que se percibe son las notas secas mezcladas con otras más frescas, tipo cítricas, que tienen como base el estoraque o el pachuli. Aire misterioso.

Momento y ocasión. Es más propicio usar este tipo de perfumes en verano y primavera. Ideal en fiestas de trabajo nocturnas, reuniones de trabajo en las que se quiera causar un efecto de impacto y que a la par proyecten seriedad y orden. Pedida de mano, entierro o funeral.

Características mágicas. Si te encuentras en un momento de caos y baja autoestima, un perfume chipre te ayudará a recobrar el orden y el amor por ti mismo. Además, si quieres sentirte más atractivo y alegre, unas notas frutales te ayudarán en esta labor. Es un tipo de perfume ideal para momentos en los que necesites autocontrol, desapegarte de algo o apartarte de un vicio.

Amaderada

Su acorde principal está constituido por maderas tales como el sándalo, el cedro o el vetiver. Su carácter cálido lo adquieren cuando predomina el sándalo o el pachuli, que lo hace más opulento, volviéndose más secos con la presencia del cedro y del vetiver. Estos acordes son muy masculinos, secos y elegantes, pero siempre con un toque de calidez. Muchas veces podemos encontrar notas frescas hespéride o notas aromáticas.

Subfamilias

- **Amaderada acuática.** Esta construcción se suele armonizar con un acorde de madera aromática completado con notas marinas. Masculinidad.

- **Amaderada aromática**. Los acordes amaderados constituyen lo esencial de estas composiciones que siempre se abren con una tonalidad aromática impartida por el tomillo, el romero o la salvia. Atracción y misterio.

- **Amaderada chipre.** El acorde amaderado dominante se ve realzado al agregársele notas chipres tales como el musgo de roble y el *ciste-labdanum*. Creatividad y éxito.

- **Amaderada especiada**. Un aroma suave y amaderado de sándalo, aderezado con notas especiadas: pimienta, nuez moscada, clavo de olor y canela. Afrodisíaco y penetrante.

- **Amaderada floral almizcle.** La nota amaderada, dominante en esta categoría, puede ser de cedro, pachuli o sándalo. Se encuentran notas de cabeza florales muy variadas: violeta, freesia. Se prolonga generalmente con notas de almizcle. Magnético y profundo.

Momento y ocasión. Es más propicio usar este tipo de perfumes en invierno y con frío. Cita romántica para conquistar algo, ya sea de tipo económico o personal.

Actos relacionados con la espiritualidad. Inspira sensualidad, seducción y cierto misterio, con un toque de masculinidad.

Características mágicas. Aunque por excelencia los perfumes más afrodisíacos son los orientales, a cualquier perfume usado como un atrayente no le debe faltar alguna nota a madera. Es perfecta para usarse en ocasiones donde queremos conquistar algo de tipo económico, emocional o espiritual.

Familia oriental

Los musgos, la vainilla y las maderas preciosas se fusionan con flores y esencias exóticas como el almizcle, que les otorgan su riqueza. A menudo se encuentran acompañados de especias. Estos perfumes orientales también llamados "ambarados" se distinguen por su sensualidad y calidez. Son perfumes para un perfil excitante, misterioso, seductor y femenino, especialmente indicados para la noche.

Subfamilias

- **Oriental especiada.** Al añadirse especias como la canela, el clavo de olor y la nuez moscada a un acorde oriental, se pone de relieve la originalidad y el carácter de estos perfumes de fragancia inconfundible. También, sobre una base de ámbar se integra una nota especiada muy perceptible que viene a reforzar la composición con la presencia de nuez moscada, clavo de olor, canela o cardamomo. Picardía y sensualidad.

- **Oriental floral.** Se trata de una base oriental clásica compuesta de elementos suaves y talcosos, acompañados de una nota floral exótica como la flor de tiaré o las flores especiadas. Para crear un ambiente envolvente.

- **Oriental vainilla.** La vainilla y las notas ambaradas clásicas realzan el efecto oriental original. Atrayente, afrodisiaco y sensual.

- **Oriental helecho.** Estos perfumes orientales de construcción clásica poseen una nota de salida de tipo helecho, compuesta clásicamente de lavanda, *coumarine* y musgo de roble. Creatividad e inspiración.

- **Oriental amaderada.** Los acordes orientales compuestos de notas cálidas y ricas tales como la vainilla, la coumarine y el *ciste-labdanum*, se ven acentuadas por notas amaderadas y opulentas como el pachuli, el sándalo o el vetiver. Seducción y persuasión.

Momento y ocasión. Es mejor utilizarlo en tardes de otoño algo frías, es intenso y penetrante. Resalta con facilidad entre otros aromas y a veces puede resultar cargante. Dependiendo de la ocasión puedes utilizar un oriental menos intenso o más contundente. Discretamente utilizados, pueden servir para cualquier ocasión en la que quieras captar la atención, pero a la vez despertar cierto misterio.

Características mágicas. Afrodisíacos y atrayentes, olor a éxito y seducción. Puedes utilizarlos desde para comenzar una conquista hasta para atraer dinero o incluso para seducir a un adversario.

Aromática

Un acorde basado en el olor de una o varias hierbas aromáticas. Debido al carácter viril de estas composiciones, esta familia es una de las más amplias en la perfumería masculina. Los perfumes aromáticos se componen principalmente de salvia, romero, tomillo y lavanda, acompañados generalmente de notas hespérides y especiadas. Fortaleza, naturalidad, respeto, egocentrismo y amor propio.

Subfamilias

- **Aromática acuática.** Las composiciones de esta subfamilia reposan sobre el acorde aromático de base, al que se le incorpora una nota marina. Esta familia, más moderna, contiene creaciones recientes. Libertad y juventud.

- **Aromática agreste.** El acorde aromático domina, enriquecido mediante notas agrestes con fragancias campestres como las del heno y de la hierba fresca. Ligereza y alegría.

- **Aromática amaderada.** El *bouquet* de plantas aromáticas, sostenido por una nota amaderada, se encuentra adornado con una serie de notas frescas de flores blancas o de notas hespérides. Respeto y autoestima.

- **Aromática helecho.** Los elementos aromáticos básicos no faltan, pero se encuentran estrechamente asociados con un acorde helecho clásico con notas de lavanda, madera, *coumarine*, geranio y musgo de roble. Sensibilidad y generosidad.

Momento y ocasión. Sin exceso, cualquier época del año puede ser buena; además, según su subfamilia se pueden adaptar a diferentes ambientes y climas. Te ayudará a resaltar tu naturalidad, dando un aspecto de fortaleza, coherencia y autoestima. Es perfecto para cualquier reunión formal y también si ejerces un puesto de liderazgo o diriges un equipo de gente.

Características mágicas. Si buscas que algo se desbloquee, este aroma te ayudará a conseguirlo. Gracias a que suele inspirar en las personas que lo huelen transparencia y realidad, suele romper barreras y abrir caminos.

Cuero

Notas ahumadas que resaltan. Su aroma trata de imitar el olor a cuero. Las notas a tabaco rubio, a abedul y a madera quemada aparecerán en este tipo de perfumes. Este aroma destaca por su masculinidad, elegancia y discreción.

- **Cuero florido.** Resalta la mezcla de los aromas cuero con flores como el lirio o la violeta, que logran suavizar su intensidad. Dominio y rotundidad.

- **Cuero aromático.** El romero o el tomillo suelen aparecer para refrescar la intensidad del cuero. Seguridad y control.

Momento y ocasión. Más utilizados en otoño o invierno, aunque con notas florales o aromáticas en primavera es favorecedor. Inspira seguridad y proyecta un ambiente de que todo está bajo control. Lo puedes utilizar en cualquier ocasión que sientas que se te puede ir de las manos. Si tu trabajo es tomar decisiones importantes o diariamente, este es tu aroma.

Características mágicas. Si tu objetivo es cerrar algo a tu favor, este aroma te ayudará a obtener el dominio y la rotundidad que necesitas para lograrlo.

Clasificación de los perfumes.
Estaciones del año e inspiración.

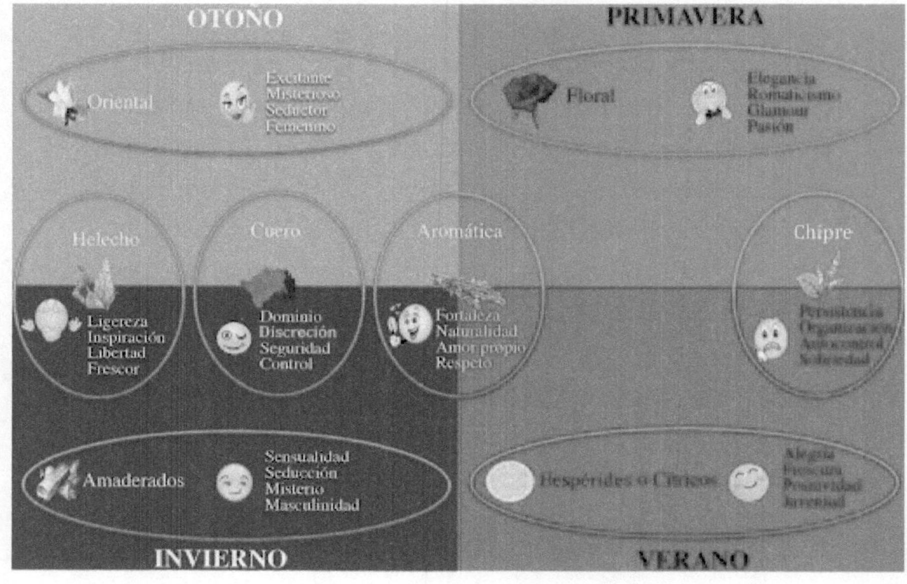

"Al igual que los hombres, el perfume nunca es perfecto de inmediato; debes dejar que te seduzca".

Jean Patou

Estilista y perfumista

Capítulo 9

Métodos de fabricación

En este capítulo trataremos los diferentes métodos que encontramos para extraer el aroma de las plantas. Explicaré brevemente cada uno de ellos, aunque es en el siguiente capítulo donde veremos varios métodos artesanos con los que trabajar nuestro perfume personal, y algún que otro más profesional, basados fundamentalmente en el enflorado en calor y la presión en frío.

Los métodos más conocidos usados para elaborar esencias son: el enflorado al calor y en frío, la extracción con disolventes volátiles, la presión en frío, la destilación, la extracción con CO_2 supercrítico y los llamados *métodos Headpace* para el análisis de perfume.

Sus características son las siguientes:

- **Enflorado en calor.** En esta técnica se maceran las flores en grasas o aceites, calentándolas al baño maría o de forma natural con el calor del sol. Después se filtran y se obtiene un aceite perfumado. Se mezclan estas esencias con alcohol puro (el alcohol tiene la propiedad de impregnarse fácilmente del aroma), se dejan reposar y se va apartando la parte grasa (se repite entre 2 y 4 veces), hasta filtrarlo por última vez y eliminar toda la grasa, quedando de esta forma solo un alcohol perfumado.

- **Enflorado en frío.** Se utilizaba sobre todo para tratar flores más frágiles como es el caso del jazmín y la tuberosa. Los pétalos se colocan sobre la capa de vidrio de un bastidor de madera de unos 60 centímetros que tiene extendida una capa delgada de grasa (manteca de cerdo y grasa de buey) depurada y fijada con benjuí. Se van sustituyendo las flores durante varios días hasta que la grasa queda impregnada del perfume. Después se lava la grasa con alcohol frío para devolverle sus principios aromáticos. Una vez se ha evaporado el alcohol se obtiene una absoluta de pomada.

- **Extracción de componentes volátiles.** Este tipo de técnica se utiliza para alterar lo mínimo posible ciertos aromas al extraerlos de la materia natural, ya que hay ciertas flores, raíces, maderas, etc., que con otros procesos se alteran mucho. Principalmente se usan para este método disolventes como el hexano y el benceno, por su gran solubilidad y su volatilidad, que permiten eliminarlos sin mayor problema. En cubetas de acero inoxidable que contienen unos 3000 litros, provistos de platinas perforadas que se apilan unas sobre otras, dejando correr libremente el disolvente sobre las plantas que no están aplastadas (a veces son usadas también cestas que giran periódicamente cargadas de plantas). Las plantas se van lavando así, y el disolvente queda saturado de los aromas. Se decantan para eliminar la humedad y después se envían a un concentrador al vacío, donde se hace una destilación parcial. Evaporado, tornado y reciclado en diversos circuitos, quedando así en el fondo del aparato una pasta compuesta de moléculas odoríferas, ceras y pigmentos, que se llaman resinoides cuando se tratan plantas secas y concretos cuando se tratan flores. Los resinoides se utilizan tal cual; sin embargo, el concreto necesita tratarse después con alcohol.

- **La presión en frío.** Esta técnica suele utilizarse para las hespérides o cítricos. Es la corteza de estos donde está contenido el aceite esencial. Se utilizan grandes máquinas que van doblando estas cortezas y extrayendo el aceite esencial que contienen. Hay un método artesanal llamado *spugna*: con una mano enguantada en cuero con pequeñas puntas de piedra pómez pegadas, se selecciona la fruta y se presiona la corteza, y con la otra mano se recoge el aceite esencial en una esponja, que luego se presiona en un cubo para depositar allí el aceite.

- **La destilación.** Esta técnica se basa en la evaporación y condensación de los líquidos. Se utiliza un alambique que se compone de tres partes: cuerpo del alambique, cubeta o baldas en la parte superior donde se fija un "cuello de cisne", unido a un refrigerador y un serpentín metálico que está dentro de una cuba llena de agua fría. Las plantas a destilar se meten en la cuba, sobre planchas perforadas. Se lleva a ebullición el agua del baño maría, que está contenida en un doble fondo que está en la parte inferior de la cuba. Los principios olorosos de la plantas quedan cargados en el vapor, que se va por el cuello de cisne y pasa al refrigerador, donde se condensa y se convierte en liquido, hasta llegar al esenciero o "vaso florentino". Los elementos son separados según su densidad. El agua queda en el fondo y los aceites esenciales en la parte de arriba, de donde son recogidos.

- **La extracción con CO_2 supercrítico.** Es uno de los métodos más actuales y se utiliza para la extracción en frio de materias primas vegetales. La técnica se basa en la propiedad de disolver numerosas sustancias orgánicas que tiene el CO_2 cuando alcanza una temperatura superior a los 31° C, y es sometido a una presión elevada. Se consiguen así resinoides, esencias concretas y absolutas.

- **Métodos** *Headpace* **para el análisis de perfume.** A través de este método, que engloba varias técnicas, podemos analizar los principios aromáticos de las flores y sus combinaciones.

"Dígale adiós a los estereotipos antiguos de la seducción. Una persona usa un aroma para revelar su personalidad"

Paco Rabanne
Diseñador de moda

Capítulo 10

Como probar y elegir un perfume

¿Te ha ocurrido alguna vez que después de comprar un perfume, cuando lo usas no te gusta?¿Has oído alguna vez la frase de que "el perfume es muy personal" y no debe regalarse?

Lo primero que se suele hacer al ir a una perfumería es poner directamente en la piel el perfume, frotar la piel y dirigir la nariz al punto donde nos hemos frotado para ver a que huele; sin esperar demasiado, tomamos una decisión casi instantánea sobre si nos gusta o no.

Otra forma por la que solemos comprar un perfume es cuando en la perfumería nos dan un pequeño trocito de cartulina impregnada del aroma que están promocionando. En una primera impresión nos puede gustar y comprarlo, sin darle más vueltas.

Pues aunque esto se haga desde hace años, son maneras erróneas de probar un perfume.

A continuación te dejo unas pautas para que uses el perfume que realmente te gusta.

- No regales un perfume a no ser que sepas exactamente cuál es el que más le conviene, o la persona te acompañe para elegirlo. Si lo fabricas tú, es lo mismo: en todo momento, para que el perfume sea personalizado y útil, la persona a la que va dirigido debe estar involucrada en el proceso.

- Cada piel tiene un Ph distinto y unas propiedades particulares. Es importante que el perfume se pruebe en la piel de la persona que va a utilizarlo, y al menos dejarlo reposar entre 6 u 8 horas, no solo para comprobar si el aroma nos gusta, sino también para ver que no nos da ninguna reacción a la piel y nos resulta cómodo de usar.

- Verano, invierno, otoño y primavera. Triste o alegre. El clima y las emociones (el calor, el sudor, el frio, la humedad, la ansiedad, la felicidad, un estado de embarazo, medicación, etc.) entre otros factores, son aspectos que intervienen en la piel y en tu cerebro. Estos factores pueden variar el aroma del perfume o las sensaciones que tengas con él. Por eso es importante que te tomes tu tiempo, y cada vez que fabriques un perfume o lo elijas para tu uso personal, hagas las pruebas necesarias hasta que el aroma se ajuste a ti y al momento en que lo quieras usar.

- No uses ninguna crema, gel odorífero o producto en tu piel, antes de probar tu perfume. Si usas alguno de estos productos específicamente, porque te gusta en especial, y lo haces habitualmente, trata de que tu perfume guarde consonancia con esos aromas. Hay muchos perfumes que tiene una línea de baño a juego, aunque tú también puedes crearte de forma artesanal esa línea a juego, como veremos más adelante.

> **Dato.** Hay algunos aromas específicos, como podrás ver en siguientes capítulos, que sirven como potenciadores o estabilizadores de otros aromas.

- Cuando vayas a probar el perfume, es mejor utilizar zonas donde notas fuertemente tu pulso (en la clavícula, muñecas, orejas, detrás de las rodillas, etc.). Son en estas zonas donde la temperatura corporal es más alta. Gracias al calor de estas zonas, el alcohol (habrás comprobado que muchas veces el perfume de entrada huele mucho alcohol) se evapora más rápida y fácilmente, dejando paso al aroma de las esencias usadas para dicho perfume, dejando destacar sus notas más importantes. Puedes acelerar este proceso acercando tu muñeca con el perfume a una fuente de calor, como un radiador con precaución de no quemarte ni exponerte demasiado.

- Si el aroma es para un ambiente, tela, etc., puedes usar tiras de papel. De la misma manera, acerca la tira de papel a una fuente con calor para oler sus aromas esenciales. No recomendamos que lo hagas sobre tela, ya que el perfume, por su composición muchas veces demasiado oleosa, puede manchar. Además, igual que le pasa a la piel, los diferentes tejidos pueden variar el aroma del perfume. Si es necesario que lo hagas en tela, haz una pequeña prueba antes en un pico de la tela que no sea visible, para ver si mancha, y comprueba si el aroma que deja pasadas unas cuatro o cinco horas te gusta.

- Aunque la nariz en un principio puede distinguir bien y captar el verdadero aroma de hasta tres perfumes a la vez, recomendamos que cada día, o al menos cada ocho horas, pruebes un perfume distinto. Si por tiempo u otra circunstancia no puedes hacerlo, una vez pruebes el primer perfume, límpiate bien la zona donde lo has puesto, y una vez seca y sin restos de aroma, pasa a oler el siguiente perfume.

Dato. Una buena técnica para que la nariz se desintoxique del aroma que hayas probado con anterioridad, es oliendo café entre prueba y prueba de perfume.

- Una vez pongas el perfume en tu piel, no frotes. Esto se hace impulsivamente con la creencia de que así "olerá" más, pero no es real. El perfume debe asentarse en la piel, y al menos dejarlo 15 minutos reposar para que comencemos a oler el "cuerpo" del perfume.

Te recomendamos que una vez lo pruebes, te des un paseo con él puesto, e incluso le preguntes a alguien de tu confianza su impresión. Así comprobarás si realmente es el aroma perfecto para ti.

- Si pasados unos treinta minutos de habértelo probado, el perfume es de tu agrado y te gusta, es el momento de decidirte por él. Si no lo tienes claro, repite el proceso. Piensa que el perfume es algo muy personal y distintivo. No dudes en tomarte tu tiempo para elegirlo y sentirte lo más cómodo posible.

- Una vez tengas tu tarro de perfume, mantenlo perfectamente cerrado. El mejor sitio para guardarlo y que conserve sus propiedades es en un lugar sin humedad, donde no le dé la luz directa, ni la del sol ni ninguna otra. Incluso si es un lugar oscuro y frío, mejor. Recuerda que cualquier estímulo exterior puede variar el aroma y la calidad de tu perfume, mucho más aún cuando es artesano.

- Para que el aroma envuelva tu piel, te recomiendo vaporizarlo al aire y hacia arriba. Con el cuerpo desnudo, ponte debajo del rocío que irá cayendo y deja que sus pequeñas gotas se vayan posando en cada lugar de tu piel. Espera al menos cinco minutos antes de ponerte la ropa.

- Aunque normalmente se recomienda que el perfume una vez abierto se use como máximo seis meses, la realidad es que actualmente los perfumes en su composición química llevan conservantes que alargan mucho más su vida, entre dos y cinco años, aunque sin duda con el paso del tiempo el perfume irá perdiendo sus propiedades y "añejándose". El perfume artesanal es más delicado. Te recomiendo que si usas perfumes artesanales, hagas o compres pequeñas cantidades y lo renueves cada tres meses (50 ml suele ser una cantidad adecuada para tres meses).

"Relaciono la flor con la reproducción. Es la flor la antesala del fruto, la cuna de la semilla encargada de prolongar la especie, allí están los órganos sexuales. En ella se gesta la máxima actividad del ser vivo, la que origina un nuevo ser, vital e igual a sus progenitores. Por esta razón la energía presente en esta parte de la planta es, en lo sumo, la esencia vital, la vida".

Jesús Heli Giraldo
Guía para la curación con flores de Bach

Capítulo 11

El perfumista mágico

Forma y métodos para crear un perfume artesanal, personalizado y fascinante

Lo más importante de nuestros perfumes es la materia prima. Si te decides por un perfume 100 % artesanal es muy importante que elijas bien y cuides las plantas, raíces, cortezas, resinas, flores, etc. que vayas a utilizar. Todo en el universo está conectado, incluidas las plantas. Al recolectarlas hay que hacerlo con respeto, intentando establecer una comunicación con ellas (no digo que sea necesario mantener una conversación, hablo de algo más sensible e intuitivo). De esta forma, tan aparentemente mágica, iremos aprendiendo cuándo utilizarlas y cuál es la mejor forma de hacerlo.

Debemos hacer un intercambio justo con estos "seres vivos", las plantas, que nos prestan sus beneficios. Al igual que nosotros necesitamos de sus propiedades, ellas necesitan de nuestros cuidados. Y si te lanzas a cultivarlas tú mismo, irás viendo cómo se crea esta relación tan especial entre la naturaleza y tú.

En este capítulo te enseñaremos varios métodos para crear tus perfumes, unos mucho más artesanales que otros, pero sin grandes complicaciones. En estos momentos es muy sencillo obtener buenos aceites esenciales ya preparados y los componentes químicos para fabricar el perfume, así que no encontrarás problemas con ninguna de mis propuestas.

Lo primero que debes hacer es observar tu entorno, qué plantas son más originarias de tu zona y a cuáles de ellas tienes acceso. Sería maravilloso que pudieras trabajar con tus plantas directamente desde el punto "cero", pero entiendo que no es sencillo. Como alternativa, puedes comprarlas en una floristería o ya secas.

Una vez que sepas las plantas que crecen en tu entorno, o a las que tienes verdaderamente acceso, apunta sus nombres en una libreta y qué sentiste al olerlas por primera vez, cuál fue la sensación que te causó y la vibración que te produjo, no solo su aroma sino también su imagen. Esto debes hacerlo con mimo y paciencia, si quieres obtener de ellas todas sus virtudes y una conexión real con su energía. El famoso doctor Bach contaba que lo que recogemos cuando recolectamos una flor es su energía almacenada, la información y la vida. Él, a través de un diálogo vibracional, estableció un paralelismo entre las propiedades energéticas de determinadas flores y las usó para sanar. Eso mismo te proponemos a ti: que conectes con ellas y conozcas sus poderes, en este caso que utilizarás a través del perfume.

Recolección

Antes de cortar o arrancar cualquier hierba, flor, raíz, etc., lo primero que debes establecer es un contacto vibracional. Transmítele para qué la necesitas y que la vas a utilizar para que su energía propicie cosas positivas.

El mejor momento para cortar estas plantas es en un día con luna creciente, en primer lugar porque aumentará el magnetismo de aquello que cortes y en segundo lugar porque la parte del árbol o planta que cortes renacerá o se compondrá más rápido.

La mejor hora es media tarde antes de oscurecer completamente, ya que han recogido toda la energía solar. Es este el momento más idóneo, ya que están cargadas de energía.

Para cortarlas, a mí personalmente no me gusta el cuchillo o las tijeras, pues me parece demasiado agresivo; lo más apropiado es hacerlo con tus propias manos o como mucho con una pequeña hoz. Es importante que sea una hoz por su forma de media luna, ya que se asemeja a la luna creciente, símbolo de feminidad o el interior femenino y de fertilidad. Al recogerlas, ten en cuenta que no estén en sitios muy intoxicados, por ejemplo al lado de una fábrica, ni que estén mojadas o podridas por ciertas partes, etc. Escoge las más sanas, córtalas de abajo hacia arriba, es decir, desde la zona más cercana a la tierra. Que las flores o hierbas que escojas estén en su pleno florecimiento. Ni muy jóvenes, ni muy maduras.

Una vez estén recolectadas es mejor ponerlas en un cesto o capacho que esté abierto. No las metas en bolsas, ni las envuelvas en papel. No las aplastes y déjalas caer suavemente en la cesta, de forma natural, sin presión. Una vez recolectadas, si necesitas secarlas, las pondrás en un lugar oscuro y seco colgadas boca abajo, y las dejarás entre 7 y 15 días. Así tendrán más concentración de savia y a su vez más energía y fuerza. Una vez secas podrás clasificarlas y guardarlas en tarros de barro o cerámica, ya que la opacidad y las propiedades del barro las conservarán mejor y no dejarán que los rayos luminosos lleguen a ellas, estropeándolas.

Las cortezas, flores, hojas etc. que no necesitan ser secadas, debes ponerlas encima de un paño blanco y después utilizarlas según el método que elijas para extraer su esencia.

Dato. Las directrices de recolección anteriormente dadas son genéricas. Hay plantas que para recolectarlas necesitan un método concreto. Si tienes alguna duda, consulta en un lugar especializado donde puedan aclarártelo. Internet está lleno de información que, bien escudriñada, aumentará tus conocimientos y será una buena fuente de consulta para obtener claves para cuestiones más precisas.

Conceptos para la fabricación de perfumes

Antes de ponerte manos a la obra, es importante que conozcas una serie de conceptos con los que trabajarás para la fabricación de tus perfumes artesanales. Los porcentajes que aquí te doy son orientativos, pudiendo variar según las flores, semillas, cortezas, hojas, etc., que utilices. Con las esencias aromáticas y los aceites esenciales pasa lo mismo (algunas son de más calidad que otras, o están más o menos concentradas, y también puede variar su intensidad o durabilidad).

- **Esencia aromática.** Son sustancias aromáticas, algunas sintéticas o artificiales y otras de origen natural. Estas esencias son elaboradas a través de un proceso químico para lograr imitar los diferentes aromas. No contienen principios activos que le aporten propiedades biológicas o terapéuticas. Básicamente es "aroma". Es importante que si la compramos sea una esencia aromática soluble, aunque por lo general cumple estas características.

Para muchos de nuestros "perfumes mágicos" será suficiente, ya que con ellos tratamos de proyectar una energía determinada a través del aroma, pero sin buscar ningún beneficio cosmético con ello. Es decir buscamos sus beneficios odoríferos y/o sus cualidades terapéuticas. Aunque explicaré un forma artesanal de conseguir una esencia hidrosoluble, la realidad es que la esencia aromática ideal por sus composiciones sintéticas (como hemos explicado antes) que nos servirá y será más útil para mezclar con agua, debe ser una esencia preparada en laboratorio; por eso te recomiendo que compres este tipo esencias aromáticas ya preparadas.

- **Aceite esencial.** Está compuesto de sustancias naturales no grasas, volátiles y poco densas. Se distingue de la esencia aromática porque contienen ciertos principios activos para uso cosmético o terapéutico; además, se deben disolver en alcohol, ceras, grasas, etc., pero nunca en agua, ya que son insolubles en agua. Más abajo encontrarás métodos para conseguir estos aceites esenciales de forma natural, aunque actualmente puedes encontrar en el mercado una gran variedad de ellos, ya fabricados y de muy buena calidad.

- **Agua de colonia.** La mezcla alcohólica y la concentración de aceites esenciales o aromáticos es muy baja (entre el 1 % y 4 % de aceites y el 60 y 70 % de alcohol). La duración de su aroma oscila entre los 30 minutos y 1 hora y media.

Agua de Colonia

- **Colonia.** Es una mezcla de alcohol, esencia y agua. La concentración de esencia que contiene varía entre el 5 % y el 8 % en su composición total, y la alcohólica es más elevada que en el agua de colonia (un 75-85 % de alcohol). Su duración aromática, una vez puesta, es por lo general de unas dos horas como máximo. También existen aguas de colonia sin alcohol; en este caso su composición sería de glicerina, esencia y agua. (Tienen un aroma poco intenso y no suele durar más de una hora. Son ideales para refrescarse aromáticamente o para bebés).

Colonia

Colonia sin Alcohol

- **Agua de perfume.** Notaremos una intensidad y durabilidad mayor que en el caso de la colonia (hasta 6 horas). Tiene un porcentaje mayor de esencia, pudiendo ser este hasta del 19 %.

Agua de Perfume

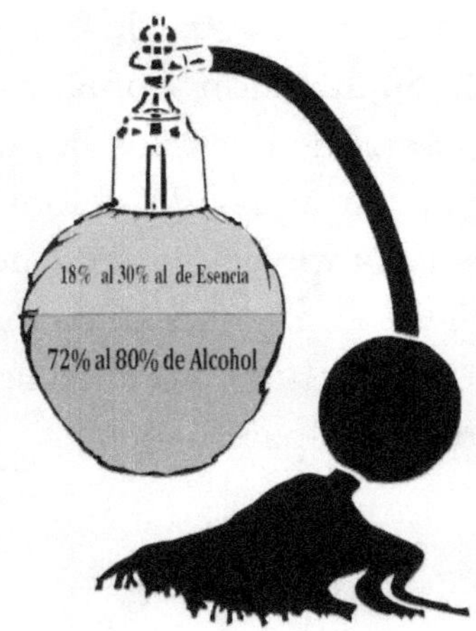

Perfume

•Perfume. Es una mezcla de aceites esenciales o aromáticos y solventes, aunque a veces se utiliza agua también. La concentración de esencia que contiene suele variar entre el 18 % y el 30 % de composición total. Su intensidad es muy potente, y además la duración de su aroma en la piel puede llegar hasta las ocho horas.

- **Elixir.** Tiene más concentración de esencia que el perfume, su aroma es realmente intenso y puede llegar a durar hasta doce horas. Se suele comercializar en frascos muy pequeños. Si fabricas alguno de forma artesanal, con 15-20 ml tendrás suficiente. Su composición suele ser bastante oleosa y es necesario usarlo con precaución, ya que puede manchar fácilmente la ropa. La mejor forma de utilizarlo es recién duchados, con la piel bien seca, y sin ninguna crema u otro aroma en la piel. Con el dedo índice tomaremos una gota de perfume y lo pondremos en cada lateral del cuello, otra gota en las muñecas y por último una gota alrededor del ombligo. Esperar a que la piel lo absorba y esté completamente seco antes de vestirse.

Elixir

- **Ambientador.** Sirve para aromatizar espacios o ambientes. Su composición suele ser de alcohol en un 70 %, 10 % agua y un 20 % de esencia aromática. Esta composición suele estar mezclada en un frasco con un atomizador. El ambientador se pulveriza en el espacio que queremos perfumar (aunque podemos encontrar ambientadores en cera, de escayola, cerámica, incienso, mikado, etc.). Los ambientadores que se pulverizan se suelen usar para momentos puntuales en los que queramos que un ambiente huela de una determinada manera.

- **Mikado.** Es un tipo de ambientador para espacios o ambientes. El aroma se extiende a través de unos palitos de madera que quedan introducidos en su mitad dentro del frasco con el aroma, donde se impregnan, y van desprendiendo su olor lentamente por la parte del palito que ha quedado fuera. Son ideales para ambientes donde quieras tener permanentemente un aroma. El aroma va impregnando la estancia poco a poco hasta que se hace lineal. Su composición, tomando un frasco como ejemplo, sería del 30 % de esencia, 60 % de alcohol y un 10 % del frasco vacío. Es importante que en un mikado el frasco sea corto, con la boca ancha, y tenga aire entre la mezcla de sustancias y la boca del frasco, pues la mezcla debe respirar, y al impregnarse en el palito no debe seguir un recorrido demasiado grande para que los palos de ratán logren la expansión del aroma.

Mikado

- **Agua desmineralizada.** Es un agua a la cual se le han quitado los minerales y las sales.

- **Dimeticona Abil Grass o Copoliol.** Es un líquido transparente, aunque a veces un poco turbio. Esta silicona se utiliza para fijar y darle estabilidad a la composición de productos de higiene corporal como puede ser los perfumes.

- **Glicerina o glicerol.** Es un alcohol que se usa en cosmética porque tiene ciertas propiedades, como por ejemplo hidratar la piel.

- **Sales Epsom.** Se llama así al sulfato de magnesio o sulfato magnésico. También recibe el nombre de sal inglesa o sal de higuera. Es un compuesto químico cuya fórmula es $Mg\,SO_4 \cdot 7H_2O$.

- **Contratipo.** Es una mezcla de esencias que recuerdan a perfumes famosos. Según su composición pueden servirte, no solo porque te gusten sino también por sus propiedades aromáticas. Es muy fácil encontrar la composición de los perfumes más famosos a través de Internet o libros especializados (*El mundo de los perfumes*, de Fabianne Pavia, *El Larousse del perfume y las esencias*, etc.) Actualmente se comercializan estos contratipos sin dificultad, incluso en tiendas *on line,* así podrás fabricar el perfume que más te guste.

- **Vaso de precipitado.** Es un recipiente, generalmente cilíndrico, con el fondo plano de vidrio borosilicatado fino. Se usa para para preparar sustancias, medirlas, traspasarlas de un lugar a otro e incluso calentarlas.

Métodos de extracción de aromas y guión para "mis pócimas aromáticas"

A continuación te proponemos varios métodos de extracción de aromas artesanal. Este apartado debe servirte como guía para tus propias creaciones, pero tú también puedes ir experimentando con las cantidades y mezclas. En el siguiente capítulo, titulado "Glosario", podrás ver las propiedades aromáticas de cada planta y usarlas siguiendo estos métodos que te damos. Según la ocasión te interesará más un tipo de perfume u otro, formatos y preparaciones distintas.

Como base te recomendamos que sigas este guión que te propongo y tomes las anotaciones necesarias:

 ¡OJO!

Es importante que te hayas leído este capítulo completamente para conocer los métodos de destilación, fabricación, maceración, etc., y qué formato o método de preparación puedes usar para los diferentes perfumes.

Guion para mis "Pócimas Aromáticas"

1-Para qué fin quiero mi aroma.

____

2-Dónde y cuándo lo voy a usar

____

3-Qué plantas del glosario, que tengan las características que busco, quiero usar.

____

4-Cuáles de esas plantas son las que mejor se combinan (Capítulo "Partitura musical de un perfume") y las más apropiadas según sus características mágicas, momento y ocasión (Capítulo "Familias de perfumes. Clasificación").

____

____

____

5-Qué método prefiero usar.

____

6-Qué formato se ajusta más al uso que le voy a dar a mi perfume (mikado, difusor, vela, saquito de aroma, etc.).

____

Método 1: aceite aromatizante.

Para todo tipo de plantas, hierbas, semillas, cortezas, flores, etc.

Necesitas:
- Aceite de almendras o aceite neutro (500 ml).
- Diferentes plantas secas que quieras combinar para obtener el aroma deseado (más o menos lo que sería algo menos de la mitad del tarro de 1 litro que vas a utilizar). Si son varias las plantas que usarás, ve colocándolas por capas, sin que se mezclen unas con otras.
- Tarro de cristal transparente con tapa (1 litro).
- Colador.
- Tarro de cristal opaco de 500 ml con tapa.
- Etiqueta con fórmula.

Paso 1. Mete en el tarro las plantas ya secas.

Paso 2. Cubre con el aceite las plantas. Es importante que te asegures de que el aceite embadurna todas las plantas y lo cubre.

Si son varios tipos de plantas, haremos el proceso por capas. Es decir, pondremos la primera capa de plantas y luego le añadiremos el aceite, luego la segunda capa de plantas y otra vez el aceite, etc., sin que se mezclen unas con otras.

Paso 3. Deja macerar en un lugar donde le dé el sol unos 15 días.

Paso 4. Cuela el aceite y retira las plantas. Pon el aceite en el tarro opaco y ciérralo.

Paso 5. Etiquétalo correctamente. Este será tu aceite aromatizante. Puedes usarlo como un elixir o para masajes.

Método 2: destilación por corriente de agua y vapor

Para obtener aceite esencial de las flores.

Necesitas:

- Un cazo de metal con su tapa (la tapa debe ser un poco comba).
- Un cuenco de cerámica o cristal resistente al calor. (Debe ser más pequeño que el cazo, como la ¼ parte y que pueda meterse dentro del cazo, pudiéndose este cerrar con la tapa).
- Pétalos de flor natural y a ser posible recién cortados; en ningún caso deben estar secos. Puedes elegir solo de una flor, o si quieres que tu esencia ya combine varios aromas, puedes elegir varios pétalos. Yo desde aquí te recomiendo que hagas esencias de flores únicas y después podrás ir combinándolas.
- 6 u 8 cubitos de hielo.
- Cuentagotas de cristal (con uno de 15 ml tendrás suficiente).

- Etiqueta identificativa con la composición de tu perfume.

Paso 1. Prepara un vaso de pétalos ya separados, hazles unos pequeños cortes para que la esencia salga mejor.

Paso 2. Pon el cazo con el cuenco en medio.

Paso 3. Mete en el cazo y alrededor del cuenco los pétalos (1 vaso de pétalos aproximadamente).

Paso 4. Ponle agua a los pétalos (1/2 vaso aproximadamente), de tal forma que el cazo quede con el cuenco en el centro vacío, y alrededor de él los pétalos con el agua.

Paso 5. Cierra el cazo con la tapa puesta del revés.

Paso 6. Pon encima de la tapa unos hielos (esto ayudará a la condensación).

Paso 7. Ponlo a fuego lento.

Cada flor necesita su tiempo, pero irás viendo que el agua va desapareciendo de los lados y aparece un líquido dentro del cuenco que estaba vacío. Esa es la esencia floral.

Paso 8. Con un cuentagotas, recoge la esencia que ha quedado en el tarro del centro del cazo. Etiquétalo correctamente. Conserva esta esencia en un lugar frio y oscuro. No tardes más de tres meses en usarla.

Método 3: esencia aromática natural

Para semillas, cortezas o frutos verdes, que por aplastamiento o rotura suelten líquidos.

Necesitas:

- 1 litro de agua.
- Un almirez o mortero (si es de algunas piedras con propiedades determinadas mucho mejor).
- Cuenco de cristal.
- Flores, semillas, cortezas sin secar.
- Un trapo blanco transpirable (destinado solo para fabricar tus perfumes).
- Un cazo de barro para el fuego.
- Colador.
- Tarro de medio litro opaco con tapa.
- Etiqueta con fórmula.

Paso 1. Machaca la planta con el almirez con una cucharada sopera de agua. Si son varias, hazlo uno por uno y limpia el almirez entre un uso y otro.

Paso 2. Una vez bien machacado, pon la mezcla en el trapo blanco. Cierra el trapo y estrújalo encima de un cuenco: verás que van cayendo gotitas. Resérvalo tapado (primera extracción).

Paso 3. Pon el agua a hervir.

Paso 4. Cuando hierva, retira el cazo del fuego y pon los restos de plantas ya machadas y sin agua que quedaron en el trapo blanco. (Si has utilizado varias plantas en el proceso, aquí si puedes mezclar todos los restos). Déjalo reposar tapado (retirado del fuego) durante 2 horas.

Paso 5. Pasadas las 2 horas cuélalo (segunda extracción). Puedes tirar las plantas ya utilizadas.

Paso 6. Mezcla 10 gotas de la primera extracción, con 20 ml de agua aromatizada de la segunda extracción y mézclalo todo. (Si has utilizado varias plantas, proporciona las 10 gotas según tus preferencias aromáticas; por ejemplo: 2 gotas de naranja, 3 gotas de baya de enebro, 2 de jengibre, 3 de frambuesa). Etiquétalo correctamente. Ya tienes tu esencia aromática soluble.

Dato: Este aroma esencial es natural, y su durabilidad es mucho menor que el de un aroma esencial químico. Te recomendamos no hagas más de 20 ml de tus creaciones, y estas necesariamente deben llevar alcohol (colonias, perfumes, agua de perfume, etc.). Este aroma también se puede utilizar directamente como un rocío en el cuerpo o poniéndolo en la bañera (sería como una colonia artesanal sin alcohol). Solo debes asegurarte de que esté en el frigorífico y darle uso, como mucho, hasta las 48 horas de su fabricación. Pasado este tiempo los elementos naturales que lo componen se pueden ir pudriendo y variar las características y propiedades del mismo.

Método 4: esencia aromática natural

Para todo tipo de plantas verdes o secas.

Necesitas:
- 1 litro de agua.
- Un almirez o mortero (si es de alguna piedra con propiedades determinadas, mucho mejor).
- Cuenco
- Plantas
- Espátula de plástico.
- Un cazo de barro para el fuego.
- Colador
- Tarro de medio litro opaco con tapa.
- Etiqueta con fórmula.

Paso 1. Mezcla todas las plantas que vayas a utilizar en caso de que sean varias. También este proceso lo puedes hacer uno a uno, para que según los aromas que vayas obteniendo después, puedas mezclarlos a tu gusto.

Paso 2. Machaca las plantas con el mortero.

Paso 2. Una vez bien machacado, saca la plasta del mortero y deposítala en un plato.

Paso 3. Pon el agua a hervir.

Paso 4. Cuando comience a hervir, mete la plasta en el cazo y deja que hierva durante 2 minutos.

Paso 5. Retira el cazo del fuego y deja enfriar al menos durante 2 horas.

Paso 6. Pasadas las 2 horas, cuélalo y consérvalo en el tarro opaco de medio litro con tapa (las plantas utilizadas puedes tirarlas). Etiquétalo correctamente. Ya tienes tu esencia aromática soluble.

Dato: Este aroma esencial es natural, y su durabilidad es mucho menor que el de un aroma esencial químico. Este aroma esencial natural debes mezclarlo con alcohol en el formato que le vayas a dar antes de pasar 2 días. Este aroma también se puede utilizar directamente como un rocío en el cuerpo o poniéndolo en la bañera (sería como una colonia artesanal sin alcohol). Solo debes asegurarte de que esté en el frigorífico y darle uso, como mucho, hasta las 48 horas de su fabricación. Pasado este tiempo los elementos naturales que lo componen se pueden ir pudriendo y variar las características y propiedades del mismo.

Diferentes formatos y preparaciones de perfumes

Con tus esencias aromáticas, aceites esenciales, aguas perfumadas, etc., ya preparadas, ahora podrás elegir el método que más te guste para darle formato a tu perfume según el momento y circunstancia en que lo vayas a utilizar.

Método 1: colonia artesanal sin alcohol.

Necesitas:

- 105 gramos de agua desmineralizada.
- 6 gramos de glicerina vegetal.
- 12 gramos de esencia aromática hidrosoluble (elige la que más te guste, bien preparada por ti o bien comprada para la ocasión). Puedes usar un único aroma o que esos 12 gramos ya lleven la mezcla que deseas. (El capítulo "Familia de perfumes", la clasificación, el glosario y el capítulo "Perfumes y pócimas mágicas" te ayudarán en tu elección).
- Espátula de plástico.
- Embudo pequeño (que entre por la boca del frasco elegido).
- Frasco donde depositarás el perfume con difusor. (Prepara un frasco de 100 ml. El difusor te será más útil para usar el perfume)
- Etiqueta identificativa con la composición de tu perfume.

Paso 1. En un cubetita o vaso de cristal pon el agua desmineralizada.

Paso 2. Añade la glicerina.

Paso 3. Añade las gotas de esencia a la mezcla anterior.

Paso 4. Mezcla con la espátula todos los componentes que ya has puesto en la cubetita de cristal.

Paso 5. Pon la mezcla en tu frasco debidamente etiquetado. Utiliza el embudo para esto.

Paso 6. Déjalo en tu frigorífico al menos 3 días. Etiquétalo correctamente. Una vez pasen esos 3 días ya estará listo para usar.

Método 2: agua de colonia

Necesitas:
- 75 gramos de alcohol 96º en un tarro.
- 30 gramos de alcohol 96º en otro tarro.
- 12 gramos de esencia aromática. (Te recomiendo que, si vas a mezclar varias esencias aromáticas, hagas distintas pruebas antes y dejes macerar la mezcla en frío al menos 48 horas. Sigue las pautas de poner triple para las notas de cuerpo de salida, es decir, la proporción 1/3, el doble para las de base que de las de salida, es decir, la proporción 1/2).
- 30,5 gramos de agua desmineralizada.
- Dos tarros con tapa (mejor si son de cristal) de 100 ml cada uno.
- Vaso de precipitado o cristal (250 ml).
- Embudo pequeño (que entre por la boca del frasco elegido).
- Frasco de 150 ml (puedes usar varios si prefieres tenerlo divido y preferiblemente con difusor).
- Etiqueta con fórmula.

Paso 1. Mezcla con la espátula los 75 gramos de alcohol con los 12 gramos de esencia en un tarro.

Paso 2. Mezcla con la espátula los 30 gramos de alcohol con el agua desmineralizada en otro tarro.

Paso 3. Deja macerar estos compuestos de los tarros en el frigorífico durante 3 días.

Paso 4. Pasados esos 3 días, mezcla el contenido de los dos tarros en el vaso con la espátula.

Paso 5. Pon con el embudo la mezcla en tu frasco debidamente etiquetado.

Paso 6. Deja macerar esta mezcla por otros 3 días en tu frigorífico. Etiquétalo correctamente. Pasados estos 3 días ya tendrás tu agua de colonia.

Método 3: colonia

Necesitas:
- 8 gramos de esencia.
- 12 gramos de agua desmineralizada.
- 80 gramos de alcohol.
- Vaso de precipitado o cuenco de cristal (250 ml).
- Espátula de plástico.
- Embudo pequeño (que entre por la boca del frasco elegido).
- Frasco 100 ml con vaporizador.
- Etiqueta con fórmula.

Paso 1. En el cuenco de cristal o vaso de precipitado, mezcla con paleta el alcohol con la esencia.

Paso 2. Añádele el agua desmineralizada y mézclalo.

Paso 3. Pásalo al frasco debidamente etiquetado a través del embudo.

Paso 4. Cierra el frasco y mantenlo en el frigorífico 72 horas. Etiquétalo correctamente.

Pasado ese tiempo ya puedes comenzar a usarlo.

Método 4: agua de perfume

Necesitas:
* 70 gramos de alcohol 96°.
* 15 gramos de agua desmineralizada.
* 16 gramos de aceite esencial. Aquí, igual que en las anteriores fórmulas, puedes usar una esencia o varias, bien fabricadas por ti mismo o bien de las que ya comercializan. Te recomiendo que, si vas a mezclar varias de ellas, hagas distintas pruebas antes y dejes macerar la mezcla en frío al menos 48 horas. Los gramos de la esencia variarán según las mezclas y el aroma que quieras conseguir, pudiendo ser en un perfume entre 11 y hasta 17 gramos total de esencia. De las notas que más quieras resaltar, pon el triple que de las demás; de las de fondo, el doble, (recuerda la duración de cada una de estas en el capítulo "Partitura musical de un perfume") y haz tus combinaciones. Si no consigues en el primer intento lo que buscas, no desesperes; es muy normal en la perfumería que tengas que hacer diferentes pruebas hasta obtener el

aroma y la consistencia ideal.

- Ejemplo de perfume floral frutal: notas de salida (1 g de bergamota, 1 g de limón, 1 g mandarina y 1 g de melocotón); notas de cuerpo (3 g de lirio y 3 g de rosa); notas base (2 g cedro, 2 g de ámbar y 2 g almizcle).
- Vaso de cristal (250 ml).
- Espátula de plástico.
- Recipiente opaco de cristal con tapa (150 ml).
- Filtro papel.
- Frasco pulverizador (100 ml).
- Etiqueta con fórmula.

Paso 1. Se mezclan todos los ingredientes con la espátula en un vaso de cristal.

Paso 2. Se pone la mezcla anterior en el tarro opaco y se cierra.

Paso 3. Dejar macerar en el frigorífico entre 7 y 15 días. Una vez pase ese tiempo fíltralo.

Paso 4. Deposítalo en el frasco pulverizador a través del embudo.

Paso 5. Etiquétalo debidamente. Ya estará listo para usar.

Método 5: perfume

Necesitas:

- 60 gramos de alcohol 96°.
- 10 gramos de agua desmineralizada.
- 30 gramos de aceite esencial. Aquí, igual que en las anteriores fórmulas, puedes usar una esencia o varias, bien fabricadas por ti mismo o bien de las que ya comercializan. Te recomiendo que si vas a mezclar varias de ellas, hagas distintas pruebas antes y dejes macerar la mezcla en frío al menos 48 horas. Los gramos de la esencia variarán según las mezclas y el aroma que quieras conseguir, pudiendo ser en un perfume entre 19 y 30 gramos total de esencia. De las notas que más quieras resaltar pon el triple que de las demás, de las de fondo el doble (recuerda la duración de cada una de estas en el capítulo "Partitura musical de un perfume") y haz tus combinaciones. Si no consigues en el primer intento lo que buscas, no desesperes; es muy normal en la perfumería que tengas que hacer diferentes pruebas hasta obtener el aroma y la consistencia ideal.

> **EJEMPLO**
>
> Ejemplo de perfume amaderada aromática: notas de salida (2 g de bergamota, 2 g de lavanda y 2 g de albahaca); notas de cuerpo (6 g de geranio y 6 g de clavel); notas base (4 g musgo, 4 g de haba tonca y 4 g de ámbar).

- Vaso de cristal o precipitado (250 ml).
- Espátula de plástico.

- Recipiente opaco de cristal con tapa (150 ml).
- Filtro papel.
- Frasco pulverizador (100 ml).
- Etiqueta con fórmula.

Paso 1. Se mezclan todos los ingredientes con la espátula en un vaso de cristal.

Paso 2. Se pone la mezcla anterior en el tarro opaco y se cierra.

Paso 3. Dejar macerar en el frigorífico entre 25 y 40 días. Una vez pase ese tiempo, fíltralo.

Paso 4. Deposítalo en el frasco pulverizador a través del embudo.

Paso 5. Etiquétalo debidamente. Ya estará listo para usar.

Método 6: perfume contratipo

Necesitas:
- 70 gramos de alcohol 96°.
- 10 gramos de agua desmineralizada.
- 28 gramos de contratipo. Hay diversas marcas que comercializan contratipos para fabricarte tu perfume; según la calidad, la cantidad a usar puede variar. Te recomiendo que siempre preguntes al vendedor cuál es la mejor cantidad que puedes usar. También puedes ir haciendo pruebas hasta conseguir el aroma que más se ajuste a tu ideal.

- 2 gramos de dimeticona.
- Vaso de cristal o precipitado (250 ml).
- Espátula de plástico.
- Recipiente opaco de cristal con tapa (150 ml).
- Filtro papel.
- Frasco pulverizador (100 ml).
- Etiqueta con fórmula.

Paso 1. Se mezclan todos los ingredientes con la espátula en un vaso de cristal.

Paso 2. Se pone la mezcla anterior en el tarro opaco y se cierra.

Paso 3. Dejar macerar en el frigorífico entre 25 y 40 días. Una vez pase ese tiempo, fíltralo.

Paso 4. Deposítalo en el frasco pulverizador a través del embudo.

Paso 5. Etiquétalo debidamente. Ya estará listo para usar.

Método 7: mikado casero

Necesitas:
- 30 gramos de esencia aromática.
- 60 ml de alcohol 96°.
- Frasco con tapa de 250 ml.
- 5 o 6 palitos de ratán.
- Frasco de 100 ml, boca ancha y poco profundo.
- Vaso de precipitado o cristal de 250 ml.

- Espátula de plástico.
- Etiqueta con fórmula.

Paso 1. En el vaso de precipitado mezcla con la espátula el alcohol 96° con la esencia aromática.

Paso 2. Pásalo al frasco con tapa y ciérralo. Déjalo en el frigorífico 48 horas.

Paso 3. Pon la mezcla del tarro en el frasco de boca ancha. Etiquétalo correctamente.

Paso 4. Mete 5 o 6 palitos de ratán. Colócalo en el lugar que quieras ambientar.

Dato. Te irás dando cuenta de que los palitos se van impregnando de la mezcla y soltando el olor. Poco a poco la mezcla se irá acabando. Una vez se termine puedes lavar el frasco y volverlo a utilizar, aunque te recomiendo que, si cambias de esencia, cambies también de frasco. Existen en el mercado unas anillas de madera que puedes ponerle en la boca del frasco; esta anilla de madera o tapón abierto se impregnará de aroma e intensificará el olor. Otra forma de intensificar el aroma es poner más palitos de ratán.

Método 8: jabón aromático de glicerina

Necesitas:

- 500 gramos de jabón base de glicerina (la puedes encontrar opaca o translúcida).
- Aceite esencial.
- Espátula de plástico.
- Cazo de acero inoxidable.
- Vaso de precipitado con boca (1 litro).
- Molde de plástico tipo pastillas de unos 100 gramos. Obtendrás 5 con 500 gramos (puedes usar moldes de repostería de silicona con formas y hacer los jabones de distintas maneras).
- Alcohol 96° en un difusor.
- Pliego papel vegetal.

Paso 1. En el cazo a fuego medio, derrite la glicerina evitando que hierva.

Paso 2. Pasa la glicerina al vaso de precipitado y añade 10 gotas de esencia. Puede ser de una sola o 10 en total mezcladas; también 10 gotas de esencia mezclada que previamente ya hayas preparado. Puedes intensificar el aroma o rebajarlo según tus preferencias, añadiendo o restando gotas.

Paso 3. Mezcla muy bien la esencia con la espátula.

Paso 4. Vierte el líquido ya mezclado en los moldes.

Paso 5. Pon alcohol con el difusor por encima de los moldes con la mezcla (esto es para que el jabón no te haga burbujas).

Paso 6. Deja enfriar 24 horas.

Paso 7. Desmolda y envuelve cada jabón con papel vegetal.

Método 9: saquito aromático

Necesitas:
- Mezcla de hierbas aromáticas secas (flores, ramas, pétalos, semillas, etc., de las más aromáticas). Trata de que el conjunto guarde consonancia y que el aroma de la mezcla te guste.
- Cuenco de cristal.
- Film transparente.
- Saquito de arpillera o de algodón.
- Lazo para atar el saquito.
- Esencia aromática (el aroma que prefieras, pero no olvides que vaya en consonancia con el popurrí que elijas para tu saquito).

Paso 1. En el cuenco de cristal mezcla las hierbas aromáticas secas con 5 gotas de la esencia aromática que hayas elegido (única o que entre varias sumen 5 g.).

Paso 2. Tápalo con film transparente durante 1 hora. Si puedes dejar la mezcla al sol o cerca de un calefactor con calor durante esa hora, mucho mejor.

Paso 3. Pon la mezcla dentro del saco y átalo. Tu saquito aromático ya está listo para usarlo en armarios, puertas, coche, etc.

Método 10: cera aromática para quemador

Necesitas:

- 300 gramos de cera de soja bajo punto de presión.
- Molde de silicona con figuritas pequeñas (para que se puedan poner encima del quemador).
- 16 gramos de esencia aromática o aceite esencial (única o que entre varias sumen 16 gramos).
- Cazo de aluminio.
- Espátula de plástico.
- Vaso de precipitado con boca 500 ml.
- Pliego papel vegetal.

Paso 1. Derretir la cera a fuego medio, evitando que hierva.

Paso 2. Poner la cera en el vaso de precipitado y mezclarlo con el aceite esencial utilizando la espátula.

Paso 3. Verter en los moldes.

Paso 4. Dejar endurecer 24 horas.

Paso 5. Desmoldarlas y envolverlas en papel vegetal. Ya estarían listas para usar en el quemador cuando quieras.

Método 11: gel de baño

Necesitas:

- Gel de ducha base orgánico o gel de ducha base en suspensión: 200 gramos.
- Esencia aromática: 10 gramos o aceite esencial (10 gramos). Total: 20 gramos (aroma único o distintos variados que sumen los 20 gramos).
- Film transparente.
- Vaso de precipitado o vaso de cristal (250 ml).
- Espátula de plástico.
- Botella de plástico de 250 ml con tapón.
- Etiqueta con fórmula.

Paso 1. Mezcla en el vaso de precipitado con la espátula el gel con las esencias.

Paso 2. Tapa el vaso con el film transparente y déjalo 24 horas.

Paso 3. Mete la mezcla de gel en la botella de plástico y tápala.

Paso 4. Etiquétalo debidamente. Ya está listo para usar. Intenta consumirlo antes de 3 meses.

Método 12: ambientador en espray

Necesitas:

- 55 gramos de alcohol 96°.
- Aceite esencial (20 gramos). Un solo aroma o mezcla de varios (te recomendamos que no más de cinco).
- Embudo.
- Frasco con difusor de 100 ml.
- Vaso de precipitado o de cristal (250 ml).
- Papel film.
- Filtro o colador.
- Espátula de plástico.
- Etiqueta con fórmula.

Paso 1. Mezcla con la espátula en el vaso de precipitado el alcohol con el aceite esencial.

Paso 2. Déjalo en el frigorífico tapado 72 horas.

Paso 3. Fíltralo.

Paso 4. Pasa la mezcla con el embudo al frasco difusor.

Paso 5. Etiquétalo correctamente. Ya estará listo para usar.

Método 13: popurrí seco

Necesitas:

- Un vaso que cubra unos 100 ml por cada planta seca y aromática que quieras poner (flores, pétalos, raíces, hojas, semillas, etc.), no más de 8 o 9.
- Tarro de cristal de 1 a 2 litros (dependiendo de las plantas que uses) con tapa y opaco. (Si no lo encuentras puedes taparlo con un trapo).
- Cubeta de plástico o bol de unos 3 litros.
- Se ponen 50 gramos de sal por cada planta. Puede ser sal común o marina, aunque a mí me gusta más la marina gruesa.
- Espátula de plástico.
- 10 gotas de aceite esencial a elección.

Paso 1. Se ponen 50 gramos de sal en el tarro por cada planta. Es decir, sal–planta–sal–planta. Una capa sobre otra hasta que utilices todas las plantas que hayas querido usar.

Paso 2. Se tapa el frasco y se deja en un lugar oscuro que no le dé la luz.

Paso 3. Se deja reposar de 3 a 6 semanas.

Paso 4. Se vuelca toda la mezcla del tarro en el bol y se mezcla todo bien con la espátula.

Paso 5. Se deja reposar la mezcla en el bol toda una noche.

Paso 6. Se añaden a la mezcla las gotas de aceite esencial y se vuelve a mezclar todo con lab espátula.

Paso 7. Se meten de nuevo en el frasco y se dejan macerar otras 4 - 6 semanas en un lugar oscuro.

Ya estará listo. Este popurrí lo puedes poner en un cuenco para ambientar aromáticamente cualquier lugar. Su aroma puede durar hasta 2 años.

Método 14: sales de baño

- 300 gramos de sales Epsom.
- 100 gramos de sal marina.
- 20 gotas de aceite esencial.
- Alguna mezcla de plantas secas.
- Un bol de unos 500 ml.
- Espátula de plástico.
- Tarro de cristal de 1 litro con tapa.
- Etiqueta con fórmula.

Paso 1. Mezcla en el bol los dos tipos de sal con la espátula.

Paso 2. Añade a la mezcla las gotas de aceite esencial y mezcla de nuevo con la espátula.

Paso 3. Añade las platas secas que hayas elegido (una o varias) y mézclalo de nuevo todo junto.

Paso 4. Deja que se seque por completo la mezcla.

Paso 5. Guarda la mezcla seca en el tarro y etiquétala.

Paso 6. Ya está listo para usar. Con 3 o 4 cucharadas soperas por cada baño será suficiente.

"Dime a que hueles y te diré quien eres"

Dicho popular adaptado

Capítulo 12

Glosario aromático

A través de este glosario podrás conocer cuáles son las materias primas de origen vegetal, animal, así como las esencias sintéticas: flores, plantas, frutos, pétalos, yemas, botones, semillas, esencias, hojas, tallos, hierbas, maderas, musgos, cortezas, líquenes, resinas, gomas, bálsamos, cáscaras, granos, pepitas, etc., así como las propiedades energéticas de cada una de ellas y la impresión que suelen causar a través de su aroma.

Materias primas de origen vegetal y animal

A continuación te daré algunos ejemplos de materias primas de origen animal y de origen vegetal. Después pasaré a detallarte a través del glosario las propiedades aromáticas de estas y muchas más.

Es extensísimo el número de aromas que podemos encontrar en la naturaleza; sin embargo, estos ejemplos te servirán como una buena guía para comenzar a ir encasillándolos.

- **Flores, pétalos, yemas y botones.** Encontramos ejemplos como gardenia, la rosa, el jazmín, la tuberosa, el jacinto, el narciso, la mimosa, la flor de azahar, la lavanda, el crisantemo, el clavel, el loto, el ylang ylang, etc.

- **Hierbas, hojas, ramas y tallos.** Encontramos ejemplos como la menta, la jara, el geranio, el pachuli, la violeta, el mirto, el laurel, el muguete, el eucalipto, el laurel, el estragón, el hinojo, etc.

- **Líquenes, maderas, cortezas y musgos.** Encontramos ejemplos como el nogal, el regaliz, los musgos de encina, la canela, el sándalo, el palo santo, etc.

- **Gomas, resinas y bálsamos.** Encontramos ejemplos como el benjuí, el gálbano, el incienso, el láudano, el estoraque, el opopanax, el tolu, la mirra, etc.

- **Cascaras, pieles, bayas y frutos.** Encontramos ejemplos como el membrillo, el enebro, el limón, el ciruelo, la lima, la naranja, la mandarina, el pomelo, el anís, la nuez moscada, la vainilla, la fresa, la frambuesa, el kiwi, los frutos del bosque, etc.

- **Granos y pepitas.** Encontramos ejemplos como el cardamomo, el coriandro, el comino, la alholva, el haba tonka, la pimienta, etc.

- **Raíces y rizoma.** Encontramos ejemplos como el lirio, el jengibre, el levítico, la valeriana, el vetiver, etc.

Encontramos ejemplos de materias primas de origen animal como el ámbar gris, el castóreo, el almizcle o la civeta.

Esencias sintéticas

Estos productos son conseguidos en procesos químicos por síntesis a partir de sustancias orgánicas (petróleo, carbón, etc.), y sus aromas también tienen propiedades energéticas. Algunos de ellos son análogos a aromas ya conocidos como la rosa (a través del alcohol feniletílico) o el jazmín (acetatos de bencilo y paracresilo). Sin embargo, también hay aromas novedosos como los aldehídos, que han aportado y sumado grandeza a la perfumería.

Alguno ejemplos son: mentol, geraniol, citral, benzol, tolueno, fenol y los linfáticos, que son la base de los aldehídos grasos.

Glosario de propiedades aromáticas

A través del tiempo, a las plantas se les han asignado propiedades mágicas. Cada sociedad, cultura, religión, etc., tiene las suyas; muchas son consideradas sagradas incluso sus aromas eran ofrendas a los mismos dioses. La energía vital que tienen estos elementos de la naturaleza trasmitida a través de su olor, pueden causar efectos fantásticos en el ser humano. Ciertos perfumes, al invadirnos, nos hacen percibir las cosas de una manera distinta e incluso pueden ayudarnos a cambiar nuestro estado de ánimo. En el siguiente glosario explicaré estas propiedades mágicas de las plantas, aunque no solo destacaré esto, ya que también se considera que muchas de estas plantas poseen beneficios no solo por su perfume, sino por sus características energéticas. Muchas de estas plantas, arboles, raíces, bayas, etc., histórica, ancestralmente y hasta nuestros tiempos, han mantenido muchas ideas mágicas, utilizándose ritualística o ceremonialmente, y no solo por su aroma. Se tiene la creencia de que simplemente con tenerlas en un lugar concreto, llevarlas en un saquito cerca de la persona o convertidas en polvo y vertiéndolas en un lugar, tomándolas en tisanas, etc., podían atraer ciertos beneficios o maldiciones. En el capítulo titulado "Perfumes y pócimas mágicas" explicaré algunos de estos rituales.

Este glosario te será muy útil para fabricar tus perfumes con los métodos que anteriormente te he descrito. Según las propiedades que te describo de cada planta, elige la que más te convenga y haz tu combinación para utilizarlas en los métodos "madre" que antes te he dado.

A

Abedul: indicada para obtener el perdón de alguien, para relajación, repele la energía negativa, purifica, se usa en exorcismos, atrae protección y suerte.

Abrecaminos *(Eupatorium villosum):* indicada para despejar obstáculos, abrir puertas en nuestra vida, para atraer las oportunidades beneficiosas.

Abrótano macho, perdición de las doncellas *(Artemisia abrotanum):* indicada para mejorar la salud y vitalidad. Aleja la negatividad y elimina las influencias malignas. Afrodisíaca.

Acacia: ayuda a tener más energía y vitalidad.

Acanto: suaviza el carácter y motiva la creatividad artística.

Acebo de mar: indicada para atraer la felicidad duradera en el matrimonio.

Acedera *(Rumex acetosa):* indicada para atraer la prosperidad y el dinero.

Achicoria: indicada para eliminar obstáculos y dificultades que nos puedan surgir, para aumentar la adquisición de bienes y para hacernos invisibles ante los espíritus.

Acónito *(Aconitum napellus):* indicado para eliminar negatividad, sobre todo cuando esto nos afecta moral y físicamente. También para alejar a espíritus dañinos.

Adonis *(Adonis vernalis):* indicada para protecciones de mal de ojo y para eliminar obstáculos y oposiciones.

Adormidera: ayuda a la relajación y tener un mejor sueño.

Agárico blanco *(Agarico blancopolyporus officianalis):* indicada para atraer dinero y prosperidad material.

Agrimonia: indicada para conseguir justicia en un asunto, protege en juicios y pleitos. Ayuda a progresar en cualquier asunto.

Agracejo: indicada para alejar a alguien que hace o quiere hacer daño.

Alcaravea, comino de prado-armenio-romano, hinojo de prado *(Carum carvi):* indicada para ganar la amistad de alguien, recobrar un buen estado de ánimo, combatir la infidelidad. También para alejar a los ladrones y proteger a los niños de enfermedades. Afrodisíaca.

Alegría: indicada para atraer la felicidad y la paz en un hogar o a nuestra vida.

Alelí: hace que percibamos las cosas con más belleza y positivismo.

Alfalfa: atrae la abundancia y ahuyenta la pobreza.

Algodón: indicado para atraer la suerte y la protección. Ayuda en un proceso de curación. También para dominios y amansamientos.

Alholva: ayudará a tener una mejor digestión.

Aliso negro *(Alnus glutinosa):* indicado para poner de nuestra parte pleitos y asuntos judiciales.

Aliso de mar, milflor, mastuerzo marítimo *(Alyssum maritimum):* indicado para proteger a la persona de pensamientos negativos, mentiras, falsedades, habladurías y difamaciones. También contra la esterilidad.

Almácigo, jiñocuabo, indio desnudo, palo mulato, chaká *(Bursera simaruba):* indicado para alejar cualquier energía negativa y brujería. Para apartar el mal y las malas personas.

Almendra dulce: poderoso y sutil atrayente. También se usa para apaciguar y suavizar personas y situaciones.

Almizcle o musk: endulza y para atraer manera de pasional. Considerado uno de los afrodisíacos más potentes.

Áloe, sábila, zábila: indicada para protecciones, atraer la suerte, contrarrestar la envidia.

Amapola: ayuda a la relajación y a tener un sueño profundo y duradero.

Ámbar: promueve la cordialidad y la simpatía en los ambientes donde te vayas a mover.

Amaranto: ayuda tener constancia y ejercer el trabajo con felicidad.

Amor de hortelano *(Setaria verticillata):* es un atrayente para las personas. También su especial aroma ayudará a que tu pareja esté más pendiente de ti.

Angélica: ayudará a conseguir equilibrio y templanza. Además ayuda a abrir el apetito.

Anís: es utilizado para ayudar a atraer la buena suerte en los juegos de azar.

Arce: ayuda a tener más prudencia y ser más reservado.

Árnica *(Arnica montana):* indicada para favorecer estados en los que se necesita mejoría en la salud o en curaciones. También se utiliza para resolver situaciones de pesimismo.

Arroz: indicado para aumentar la fertilidad y para ahuyentar la pobreza.

Artemisa: aleja malos espíritus y atrae la felicidad.

Avellana: equilibra nuestro interior.

Avena: indicada para atraer la prosperidad, aumentar la vitalidad. También para protecciones.

Azafrán: elimina malas vibraciones que nos bloquean el camino y nos protege de peligros y desgracias.

Azahar: ayuda a mejorar las relaciones amorosas, física, mental y espiritualmente. Para abrir caminos.

Azucena: ayuda a calmar el dolor producido por rupturas sentimentales, favorece la conquista de proyectos.

B

Bambú: indicado para atraer aquello que deseamos.

Bardana: ayuda a ser más oportunos en las ocasiones que lo requieran o a controlar personas inoportunas.

Beleño *(Hyoscyamus purpurea):* ayuda a mejorar las facultades de adivinación y clarividencia.

Bellota: indicada para alargar la vida de una persona.

Benjuí: se utiliza para purificar y aumentar la prosperidad. Borra los pensamientos negativos.

Bergamota: ayuda a tener más confianza con el entorno y en nosotros mismo.

Boj: para tener más firmeza y estoicismo.

Boldo: indicado para aportarnos claridad en situaciones complicadas y encontrar la calma. También ayuda en procesos de curación.

Bolsa de pastor *(Capsella bursa-pastoris):* indicada para desarrollar la psique y nuestro sexto sentido. Para relajación y visualización.

Botón de oro: su aroma ayuda a apartar la burla.

Brezo: su aroma atrae la dicha e incrementa la esperanza.

C

Cacao: indicado para estimular las relaciones sexuales. Afrodisíaco.

Cactus: indicada para protecciones, sobre todo de intrusos y ladrones. Absorbe la negatividad. Para provocar peleas y discordias.

Calabaza: te ayuda a ser constante con la dieta.

Café: se utiliza para estimular cualquier situación o a cualquier persona. Acaba con las desavenencias. Ayuda a mejorar el asma.

Caléndula: ayuda a apaciguar los disgustos y atrae la calma.

Cannabis: se utiliza para relajarse, aumentar la creatividad y producir buen humor en las personas.

Canela: se utiliza para estimular el amor en la pareja y también atrae el amor. Ayuda a tener un mejor bienestar interior y económico. Nos ayuda a ser más tolerantes, a curar la anorexia, la impotencia, la debilidad y la gripe.

Cáñamo: indicado para estimular las relaciones amorosas y sexuales. Afrodisíaco.

Cardamomo: se utiliza para despertar el deseo sexual y el apetito. Nos ayuda a clarificar la mente.

Castaño: ayuda a que se resuelvan situaciones injustas. También para que se haga justicia.

Cebolla: se utiliza para proteger el hogar y reforzar la valentía. Ayuda a prevenir el envejecimiento de la piel.

Cedro: se utiliza para aporta protección y espiritualidad. Nos ayuda a evitar tensiones nerviosas, estrés y ansiedad.

Cereza: se utiliza para estimular el amor.

Cerezo: se utiliza para atraer amigos.

Ciruela: atrae la abundancia.

Ciruelo: ayuda a salvar las dificultades y a cumplir las promesas.

Ciprés: ayuda a superar el duelo.

Chocolate: se utiliza para aporta sensualidad en el ambiente. Afrodisíaco.

Chumbera: se utiliza el olor de los frutos de este arbusto para atraer a las mujeres.

Cilantro o coriandro: se utiliza para agudizar el ingenio y la memoria.

Clavel: se utiliza para atraer la suerte en los juegos de azar y en los romances.

Clavo: se utiliza para dominios, atracción de dinero, purificación y liberación.

Coco: se utiliza para abrir caminos y conseguir fertilidad. Nos ayuda estimula la creatividad, hace que nos aumente el buen humor.

Cola de caballo: ayuda a la fecundidad y quitar bloqueos.

Comino: facilita los embarazos.

Crisantemo: se utiliza para contactar con espíritus y otros planos de existencia.

Cúrcuma *(Curcuma longa):* indicada para protecciones.

D

Dalia: atrae la abundancia.

Dama de noche: atrae el deseo.

Damiana: indicada para aumentar la pasión amorosa y sexual. Atracción material.

Diente de león: indicado para atraer buenas cosas a la familia y la casa.

E

Ébano: te oculta de los enemigos.

Enebro: usado en exorcismos, también es un atrayente del amor.

Estramonio: para liberar inhibiciones y conocer los deseos profundos de aquella persona que te interese.

Escabiosa: usado para superar perdidas.

Estragón: indicado para aumentar la pasión amorosa.

Estoraque: indicado para aumentar la comprensión. Aleja problemas y enfermedades causadas por espíritus malignos o trabajos de magia negra.

Eucalipto: para neutralizar energías negativas, favorece la concentración y atrae el bienestar. Nos ayuda a eliminar la depresión y la nostalgia. Es bueno para descongestionar las vías respiratorias.

F

Fresa: se utiliza para amansar y dulcificar a personas conflictivas.

Fresia: se utiliza para activar la alegría y la positividad en los hogares. Ayuda a encontrar un estado de armonía y buen ánimo.

Fresno: atrae el reconocimiento y la grandeza.

Flor de loto: para purificar, calmar situaciones y personas. Ayuda a aumentar la creatividad.

Frambuesa: para superar la depresión. Nos ayuda a relajarnos y aporta alegría.

Frutilla: para estimular la voluntad y las actitudes positivas. Fortalece la amistad y ayuda a atraer el amor.

Frutos del bosque: se utiliza para promover el romanticismo y la atracción. Te ayudará a la relajación y es equilibrarte. Poderoso afrodisíaco.

Fumaria: apacigua peleas y disipa situaciones conflictivas.

G

Galán de noche, dama de noche, cestro zorrillo *(Cestrum notumun):* indicado para endulzamientos y dominios.

Gardenia: se utiliza para protecciones, actúa de barrera para que ningún mal llegue. Aumenta la armonía, el cariño y el amor familiar.

Genciana: indicada para atraer el amor, aporta tranquilidad

Geranio: para atraer la buena fortuna, ayuda a levantar el ánimo y vencer la timidez. Proporciona paz y armonía.

Ginseng: indicada para atraer el amor, conservar la salud y la belleza. También para inducir deseos sexuales.

Girasol: indicada para aumentar la fertilidad y el deseo sexual. Aporta sabiduría. También para cumplir aquello que se desea.

Gloria de la mañana *(Clerodendro):* se utiliza para evitar las pesadillas.

Granada: ayuda a superar ausencias. Para atraer la suerte. Atrae la armonía en la pareja.

Guinda: ayuda a ser educados y atrae a personas educadas.

H

Haba tonka: atrae la belleza, la dulzura y el exotismo.

Hamamelis: para atraer y encantar.

Haya: indicado para ascensos espirituales, sobre todo de gente ya muerta o a punto de morir.

Helecho: atrae la sinceridad y la honestidad.

Heliotropo: se utiliza para mejorar la comunicación entre personas.

Hiedra: se utiliza para atraer el amor y ser más fértil.

Hierbabuena: para atraer el dinero y retornar la fortuna.

Hierbaluisa: se utiliza para purificar. Nos ayuda a relajarnos.

Higo: evita desgracias y aparta a personas que vengan a causar males.

Hinojo: para dominar a aquellos que nos negaron favores.

J

Jacinto: para atraer la suerte y el amor. Nos ayuda a conseguir paz mental y nos proporciona sueños premonitorios.

Jara: se utiliza para conseguir la integración en grupos, restablecer la conexión entre cuerpo y alma. Ayuda a evitar la soledad.

Jazmín o reina de la noche: se utiliza para dulcificar las relaciones amorosas. Genera ideas positivas y ayuda a reaccionarnos sexualmente, sobre todo si algo nos causó traumas. Atrae la prosperidad. Ayuda a calmar los dolores de cabeza. Es afrodisíaco.

Jengibre: para alejar malas intenciones de alguien. Atrae la buena suerte. Aumenta los efectos afrodisíacos de cualquier aceite o perfume y aumenta la confianza.

Junco: procura docilidad.

K

Kiwi: para conseguir relajación. Apacigua estrés y nervios.

L

Laurel: se utiliza para conseguir éxito profesional y material, para purificar y proteger. Es energizante.

Lavanda: aleja negatividades, para atraer el éxito y la buena suerte. Ayuda a la relajación equilibrando energías, a calmar el dolor de cabeza, la ansiedad, el estrés, la histeria y la neurosis.

Levítico: para lograr atracción y sensualidad.

Lila: se utiliza para aportar paz espiritual y tranquilidad. Ahuyenta malos espíritus.

Linaza (semilla del *Linum usitatissimum*, lirio): indicada para atraer la armonía, la paz y el equilibrio

Líquen de Islandia *(Cetraria islandica):* indicada para proteger del mal de ojo y envidias.

Lirio: se utiliza para generar paz espiritual. Atraerá el amor puro y verdadero. Buenas noticias y dicha.

Lima: para conseguir superar un estado de desánimo o depresión. Ayuda a estimular el aparato digestivo.

Limón: para limpiezas energéticas, aportando frescura emocional. Recomendado para estudiantes y para obtener claridad en el trabajo. Nos ayuda a superar la depresión y a evitarla. Calma la ansiedad y los mareos. Nos ayuda a tener claridad de pensamiento.

Loto: pureza y protección. Conexión espiritual.

M

Madroño: indicado para proteger a los niños de mal de ojo, accidentes y personas dañinas.

Maíz: indicado para atraer abundancia y suerte. Protege a los bebés de negatividades.

Madreselva: se utiliza para mejorar la economía. Ayuda a fortalecer la psique. Ayuda a establecer lazos amorosos.

Magnolia: estimular las capacidades extrasensoriales. También para superar quiebras familiares, laborales o emocionales. Ayuda a relajarnos.

Malva: se utiliza para suavizar el carácter, para aumentar la feminidad y sensualidad en la mujer. Al hombre le hace apreciar los pequeños placeres y la belleza de la vida. Atrae el amor materno.

Malvavisco: indicado para proteger lugares o zonas.

Mandarina: ayuda a calmar y evitar la tensión nerviosa, el insomnio, la histeria, la depresión, las náuseas y la ansiedad.

Mandrágora: atrae la voluptuosidad. Cumple los deseos. Atrae a la persona amada.

Manzana: se utiliza para tener una mejor salud física y mental.

Manzanilla: indicada para evitar peleas y conflictos. Para obtener inspiración.

Margarita: ayuda a elegir un amor sincero. Equilibrio y aumento de inspiración.

María Luisa, hierbaluisa: indicada para evitar engaños y purificar ambientes. Ayuda a la relajación.

Marrubio: indicado para abrir caminos y para conseguir aceptación.

Mate: indicado para aumentar el amor, la pasión y la amistad.

Mejorana: limpieza de todas las influencias negativas que impiden avanzar, atrae el amor y la suerte.

Melisa: atrae la alegría.

Melocotón: Se utiliza para incrementar el magnetismo, para atraer. Afrodisíaco. Ayuda a relajarnos y tranquilizarnos.

Membrillo: protector del hogar familiar y para los niños. También se utiliza para favorecer el matrimonio.

Menta: para mejorar los ambientes comerciales, atrayendo dinero y clientes. Ayuda a respirar mejor.

Melisa: se utiliza para aliviar el dolor que deja un desengaño amoroso.

Melón: se utiliza para concretar proyectos.

Miel: facilitar las relaciones amorosas, endulza situaciones, estimula la sensibilidad, atrae el dinero y la paz.

Mil flores, hierba de san Jorge, milamores, amor fino *(Centranthus ruber):* indicada para endulzamientos y para evitar que nos amarguen la energía. También para protecciones.

Mimosa: ayuda a destruir maldiciones y hechizos.

Mirra: se utiliza para alejar la negatividad y consagrar elementos. Nos ayuda a aliviar la apatía, nos incentiva a llegar a nuestra meta. Actúa como protector.

Mirto: ayuda a que el amor sea correspondido. Afrodisíaco.

Mostaza amarilla/roja: para protección de enemigos en el trabajo o en los estudios. También es un buen protector para empresas o proyectos empresariales.

Mostaza negra: indicada para protecciones, sobre todo cuando estemos lejos de casa; protege de negatividades, brujería, magia contraria.

Mostaza blanca: indicada para desbloquear aquello que impida desarrollar capacidades. También como afrodisíaco.

Muérdago: se usa para recuperar la fe.

Muguete: flor de la buena suerte.

Musgo: atrae el amor maternal y mejora las relaciones con los padres.

N

Naranja amarga: se utiliza para rechazar amores no deseados.

Naranja dulce: se utiliza para conseguir bienestar sensitivo. Ayuda a evitar la depresión, el insomnio, el estrés, el cansancio y la tensión nerviosa, proporcionándonos relajación.

Narciso: se utiliza para atraer el amor e incentivarlo, atrae la buena suerte. Ayuda a eliminar el cansancio mental y anímico. Ayuda a estimular a la persona para lograr sus propósitos.

Nardo: se utiliza para atraer la paz y el amor. Proporciona comprensión y bienestar económico. Ayuda a relajar la musculación y las pasiones violentas.

Nogal: se utiliza para fortalecer los preparados rituales.

Nenúfar: se utiliza para aplacar el deseo sexual.

Nuez moscada: se utiliza para atraer el dinero, rechazar hechizos y conjuros devolviéndolos al lugar de partida.

O

Olíbano (resina de la *Boswellia thurifera*): indicado para alzar con protección cualquier oración o petición.

Olmo: indicado para ayudar a que salga la verdad a la luz.

Olivo: atrae la paz. Evita robos.

Opio: se utiliza para atraer a la pareja y que dure la unión.

Opopánax: agudiza los sentidos y ayuda a aumentar los conocimientos. Desarrollo e intensificación de la intuición. Meditación.

Orquídea americana *(Aplectrum hyemale):* indicada para uniones amorosas y para atraer el amor de un hombre.

Orégano: se utiliza para la aceptación de cambios profundos en nuestra vida.

Ortiga: se utiliza para resolver situaciones incómodas y para purificar. Ayuda a los problemas del aparato digestivo.

P

Pachuli: se utiliza para agudizar el ingenio y es un atrayente de dinero. Aportará beneficios para ser más atractivo, para elevaciones espirituales. Es energizante. Ayuda a ahuyentar los miedos y nos levanta el ánimo. Afrodisíaco.

Palo de rosa: nos ayuda a calmar dolores de cabeza, estados de tensión, estrés y ansiedad. Ayuda en procesos de regeneración de la piel.

Palo santo: se utiliza para obtener claridad mental y entrar en un estado de meditación. Ayuda a reducir la tensión y el estrés, y a entrar en un estado de sueño. Levanta el ánimo.

Paraíso: indicado para limpiezas y purificaciones.

Pensamiento: indicado para atraer el amor puro. También otorga protección al hogar.

Peonía: indicada para atraer la buena suerte o para romperla. También se usa para causar conflictos. Si se huele puede producir dolor de cabeza.

Pericón, hipérico, hierba de San Juan, conquistador, corazoncillo: indicado para ahuyentar malas energías, espíritus negativos y entidades malignas. También como protector ante los rayos. Para atraer.

Perejil: se utiliza por las energías protectoras que desprende.

Palmarosa *(Cymbopogon martinii):* se utiliza para atraer el amor y la curación. Ayuda a refrescarnos mental y físicamente.

Pimienta blanca: indicada para estimular las relaciones amorosas y el sexo.

Pimienta brava, marianeira *(Capsicum lucidum):* indicada para alejar aquello que causa mal. También para provocar situaciones incomodas o peleas.

Pimienta de guinea, pimienta da costa, pimienta africana *(Aframomum elegueta):* indicada para alejar la negatividad y a la gente negativa, como personas que quieran causar algún daño o que pretendan molestar. También para provocar disgustos, peleas, incomodidad y malestar.

Pimienta guayabita, pimienta de Jamaica, pimienta dulce, pimienta inglesa, malagueta *(Pimenta officinalis):* indicada para atraer buena salud; también atrae el dinero y la buena suerte.

Pimienta negra: indicada para causar malestar en personas o situaciones que no convengan.

Pino: ayuda a la fortaleza espiritual en malos momentos emocionales. Energiza los ambientes vacíos. Ayuda a los procesos curativos.

Plátano: aguza el ingenio, suaviza el mal carácter. Atrae buenos espíritus.

Pomelo: ayuda a superar la depresión, y el cansancio psíquico.

Q

Quina, quinina: indicada para alejar la negatividad, para romper o anular trabajos y hechizos de magia maligna.

R

Rabo de gato, zahareña, hierba terral *(Sideritis angustifolia):* indicado para abrir caminos, despejar dificultades y limpiar negatividad.

Regaliz: atrae la lujuria, el amor y la felicidad.

Roble: ayuda a sentirse bien a la persona que visite un lugar.

Romero: se utiliza para atraer lo bueno, alejar lo malo y en exorcismos.

Rosa: se utiliza para atraer a nuestra pareja y estimula el amor. Aleja la melancolía y la angustia. Ayuda en procesos de sanación.

Rosa amarilla: indicada para atraer éxito y dinero.

Rosa blanca: indicada para purificaciones. Atrae el amor puro; indicada para conseguir matrimonio.

Rosa de Jericó *(Anastatica hierochuntica):* indicada para atraer al hogar armonía, paz, salud y abundancia. Transforma la energía negativa en positiva.

Rosa roja: indicada para atraer la pasión amorosa.

Ruda cabruna, galega *(Galega officinalis):* indicada para proteger de cualquier negatividad, sobre todo de las procedentes de gente que nos envidia o nos odia.

Ruda: se utiliza para romper cualquier mal de ojo o maleficio, limpia a la persona, al ambiente y a cualquier objeto de energías negativas y envidias.

Sabelección, mastuerzo *(Lepidium virginicum):* indicada para mejorar la memoria. También para atraer y enamorar.

Sándalo: se utiliza para romper lazos, para resolver problemas financieros y empresariales. Aporta paz, atrae el bienestar y la prosperidad. Es purificador. Es afrodisíaco.

Sangre de drago *(Croton lechleri):* indicado para reforzar cualquier ritual mágico y alejar negatividades. Mejorar de enfermedades.

Sangre de dragón *(Daemonorops draco):* indicado para atraer amor, dinero y mejora las relaciones sexuales.

Salvia silvestre: se utiliza para purificar lugares y personas.

Sello de Salomón, sello de María *(Polygonum odoratum):* indicado para equilibrios y protecciones personales y familiares.

Sésamo: indicado para superar situaciones dificultosas con armonía y tranquilidad. Para conseguir más fertilidad.

Siempreviva: atrae la amistad. Protección de tormentas.

Sauco: favorece la humildad.

Solano: se utiliza para liberar energía y descubrir cuando hay amor o amistad real.

T

Tabaco: ayuda a vencer obstáculos. Ofrendas y dominios.

Té: se utiliza para aclarar, clarificar y despejar la mente. Ayuda a solucionar problemas cardíacos.

Tolu: estimula la energía positiva.

Tamarindo: indicado para atraer prosperidad y alejar aquellas personas que perjudiquen.

Tomate: indicado para controlar pasiones y tensiones, sobre todo las provocadas por el amor.

Tormentilla *(Potentilla erecta):* indicada para ganar pleitos legales o causas de justicia.

Tomillo: motiva la actividad.

Triaca, hierba de los leprosos, verónica *(Veronica officinalis):* indicada para conseguir éxitos en el trabajo y en los estudios. Aporta claridad mental y tranquilidad.

Trébol: indicado para atraer el éxito y la buena suerte.

Trufa: indicada para atraer el deseo sexual.

Tulipán: indicado para atraer la abundancia y la armonía.

Tuberosa: atracción y belleza.

Tulipán: atrayente de fortuna y pasiones.

Tutti-fruti (aroma que se forma con manzana, naranja, plátano, pera, melocotón): se utiliza para seducir, potenciar la amistar, concretar cambios e incentiva la alegría.

U

Uva: se utiliza para estimular las relaciones y el amor. Ayuda a tener un mejor estado interior y aumenta la capacidad de tolerancia.

V

Vainilla: se utiliza para avivar el amor, aportar energía y disolver el odio, la frustración y la cólera reprimida. Ayuda a superar la ansiedad, los estados de ira, las depresiones y el estrés.

Valeriana: facilita asuntos, relajación.

Verbena: se utiliza para estimular la inspiración amorosa y activar el deseo.

Vetiver: se utiliza para proteger de energías negativas, así como para atraer dinero.

Violeta: se utiliza para liberar las energías terrenales para transformarlas en los espirituales. Muy propicio para usarlo en estados de bajo ánimo, depresión, falta de fe y esperanza.

Y

Ylang-Ylang *(Canaga odorata):* se utiliza para atraer sexualmente. Ayuda al buen descanso y a dormir. Calma estados de ánimo negativos. Es un afrodisiaco.

Yuca: atrae la grandeza.

Z

Zarza: Evita envidias.

"El perfume abre infinitos horizontes. Apela tanto a los sentidos como a la imaginación. Como un encantamiento, funciona en un nivel instintivo y al mismo tiempo es extremadamente sutil"

Nino Cerruti
Estilista

Capítulo 13

Perfumes y pócimas mágicas

Estos son algunos ejemplos de todas aquellas recetas que puedes hacer tú mismo con este libro y guía, para ayudarte en tu día a día y regalarte felicidad.

"Abrecaminos" y desbloqueo

Polvo "abrecaminos"

En un mortero pon un poco de achicoria, albahaca, cardamomo y laurel. Hazlo polvo. En un cruce de caminos, toma un puñado de este polvo con la mano izquierda y otro puñado con la mano derecha. Sopla delante de ti primero los polvos que ya tendrás en la mano izquierda y di: "Todo aquello que a mis emociones afecta, desaparecerá. En mi camino ningún mal se cruzará".

Ahora con la derecha haz lo mismo y di: "Ni perjuicio económico, ni bloqueos, ni nada que me impida andar el camino de éxito me entorpecerá".

Alejar negatividad

Saquito aromático "aleja males"

Prepara una mezcla de hierbas que lleve ruda seca, romero, unas bolitas de mostaza y angélica. Ponle unas gotitas de esencia de azafrán. Si no encuentras, puedes mezclar azafrán seco con las hierbas. Pon dentro de este saquito las hierbas con la esencia mezclada y un papel con la dirección donde está ubicado el lugar del que quieres apartar la negatividad y deseas purificar. Coloca este saquito cerca de la puerta principal del lugar para el que lo estás haciendo, pero antes de colocarlo pasa por todo el lugar el humo de mirra quemada en carbón vegetal y luego pásalo también por el saco.

Amor

Agua de perfume para atraer un amor pasional, divertido y dulce

Siguiendo la receta del agua de perfume tienes que usar en la mezcla de los 16 gramos de aceite esencial, 6 gramos de aceite esencial de vainilla, 4 de jazmín y 5 de frambuesa. Una vez que esté el perfume terminado, no lo uses hasta que en una noche de luna creciente metas en la botellita del perfume preparado un trocito de ámbar puro y unas florecitas de siempreviva. Déjalo reposar toda la noche, si puede ser en una ventana donde le dé el influjo de la luna. Pasada esa noche utilízalo siempre que salgas de casa, y cuando te lo estés poniendo visualiza el amor que te gustaría atraer.

Cera aromática para una noche romántica

Siguiendo las instrucciones de la cera aromática, los 16 gramos de esencia que tienes que usar llevarán 3 gotas de esencia de canela, 3 gotas de clavel, 6 de rosa y 4 de naranja. Cuando vayas a quemar la cera ya preparada con estas esencias, rodea el esenciero con 3 cuarzos rosas y pon un poco de dama de noche seca o fresca cerca del esenciero. Quema la cera como 30 minutos antes de que venga tu pareja a cenar, para que se impregne el lugar donde tendréis esa noche romántica. Si en tu cena puedes incluir unas trufas de chocolate, tendrás una noche redonda.

Talismán para dulcificar las relaciones amorosas con tu pareja y atraer la pasión

En un tarro de cristal con tapa, pon dentro miel de flores (como medio tarro). Dentro de la miel pon una foto de la pareja unida. Encima de la miel y las fotos 3 gotitas de ylang-ylang y un poco de polvo de sangre de drago, y di lo siguiente: "En este tarro se encierra el amor y la pasión que yo quiero para mi vida. Depositado estarás debajo de mi cama para que me beneficies con tu poderes. No nos faltará amor, atracción y pasión".

Déjalo un día completo al sol y después ponlo debajo de la cama donde duermas con tu pareja.

Armonía y paz en el lugar

Popurrí armonizante

En un bol que esté en un lugar central de la habitación, casa, ambiente o negocio donde quieras atraer la armonía y la paz, vas a poner en el fondo del bol tres cuarzos blancos y un jaspe rojo. Encima pon un trozo de roble y cubre todo esto con un popurrí seco compuesto por gardenia, geranio y sésamo, añadiéndole una esencia con aroma a granada.

Cansancio

Artemisa anti cansancio

Pon una ramita de artemisa en tus zapatos. Sentirás alivio en tus pies y tendrás más fuerza y menos cansancio durante jornadas que sean duras, que tengas que estar mucho tiempo de pie o conlleven un gasto energético fuerte. Para las personas que hacen actividades deportivas duras es muy recomendable.

Dinero

Vela "atrae dinero"

Embadurna una vela dorada con aroma de menta o hierbabuena. Prepara un plato hondo con un poquito de miel y coloca la vela encima. Clava siete clavos de olor en vertical en la vela, diciendo la siguiente frase con cada clavo que pongas: "Atráeme el dinero; es para un buen deseo". Enciéndela con cerillas un martes por la mañana; si es para ti, en tu casa y si es para un negocio, en el local donde lo tengas ubicado. Es importante que la vela esté vigilada.

Éxito

Lluvia de éxito

Fabrica un gel con las directrices que te dimos anteriormente. La esencias que lo componen debe ser pachuli y vetiver. Dentro del frasco donde pongas el gel pon tres nueces moscadas enteras y un poco de oro para cosmética (puedes sustituirlo por alguna pieza o trozo de oro que tengas). Dúchate con este gel cada vez que necesites que algo prospere en tu vida o tenga éxito.

Fertilidad

Colonia artesanal sin alcohol para la fertilidad

Siguiendo la receta de la colonia sin alcohol, utiliza una esencia aromática hidrosoluble de coco. Añádele al frasco donde pongas la colonia de coco, ajonjolí seco y unos granos de arroz. Todas las noches vaporiza en tu cama unas gotitas de esta colonia.

Magnetismo y belleza

Baño de San Juan para estar bello y magnético todo el año

En la noche de San Juan, en un cubo con al menos diez litros de agua pondrás diferentes pétalos de flores que te gusten y sean aromáticas. Añadirás hierba de San Juan o pericón seco. Esta mezcla debes dejarla toda la noche de San Juan a la intemperie. Al día siguiente cuela dos litros de esta agua y apártala en un tarro cerrado. Después prepárate una bañera con agua templada y vierte el agua con flores restante dentro. Sumérgete en este mágico baño y permanece en la bañera al menos diez minutos. Durante tres días después del baño, enjuágate la cara con el agua de flores que has apartado.

Pasión

Aquí no falta la pasión

En el cajón de tu dormitorio ten envueltas en un paño blanco mirto y canela en rama.

Peeling para cautivar y que te haga ser apasionada/o

Cuando quieras sentirte lleno/a de pasión y muy atractivo/a haz lo siguiente. En un bol pon 300 gramos de azúcar moreno. Mézclalo con 250 ml de aceite de almendras, 10 pétalos de rosas rojas y dos cucharas de damiana seca. Cuando tengas toda la mezcla, úntatela por el cuerpo haciéndote un *peeling*. Mientras te lo haces, visualiza cómo una luz rosa invade tu cuerpo y deja que se queme una varilla de incienso de melocotón mientras te duchas y te quitas los restos del *peeling* (si no tienes incienso puedes usar un ambientador o quemar un poco de esencia aromática. El incienso o la esencia puede estar puesto antes de comenzar el *peeling*).

Protección y suerte

Ritual de la rosa de Jericó

Cuenta la leyenda que, cuando Jesús se retiraba a orar al desierto, la rosa de Jericó, arrastrada por los vientos se detenía dulcemente a sus pies, y de madrugada, después de abrirse con el rocío de la noche, ofrecía al Maestro las gotas de agua de sus ramitas. Jesús las tomaba con las yemas de sus dedos, llevándolas a los labios para calmar su ardiente sed. Conmovido, la bendijo. También cuentan que de camino al calvario la rosa de Jericó se detuvo frente a Jesús y así él pudo aliviar su sed con sus gotitas de agua. En recompensa, la hizo sagrada.

Otra leyenda nos cuenta que María y José huyeron de la ciudad de Belén con el niño Jesús para evadir su asesinato por Herodes. Cuando los tres estaban cruzando las llanuras de Jericó y María se bajó del burro en el que estaba montada, al tocar el suelo una rosa de Jericó brotó para saludar al niño Jesús. Posteriormente, y durante la vida de Jesús, esta planta siguió floreciendo, pero tras su muerte todas se secaron. Tres días después, junto con la resurrección de Cristo, las rosas de Jericó también lo hicieron.

Utilizaremos un recipiente de cristal sin tapa, cinco cuarzos variados, tres monedas doradas y agua de luna creciente. Pondremos el agua en el recipiente, con la mano derecha cogeremos la rosa y con la izquierda puesta en el corazón diremos: "Bendita Rosa de Jericó, el viento te arrastró y llegaste con buen augurio a mis manos. En esta mi casa te doy la bienvenida. Flor divina, yo te adopto y te ofrezco mi hogar, para que reposes y aportes esperanza y paz".

Después la colocamos en el recipiente con agua. La rosa queda cubierta por el agua y añadiremos las piedras y las tres monedas doradas, recitando lo siguiente: "Jesucristo te hizo divina y sagrada, libera en mi hogar la virtud que encierras. Atrae la buena suerte, la salud, la paz y la prosperidad. Te doy las gracias y doy gracias a Dios".

Seguidamente, visualizando aquello que deseamos para nuestro hogar, recitamos el Padrenuestro en arameo: *"Abuna di bishemaya. Itqaddash shemak, tete malkutak. Tit abed reutak. Kedi bi shemaya kan ba ar´a. Lajmana haba lana sekok yom beyoma. U shebok lana jobeina. Kedi af anajna sheebakna lejeibina. Weal ta'alna lenision, ela peshina min bisha. Amén".*

Coloca el recipiente en un lugar céntrico de la casa. Trata de cambiar el agua todas las semanas, y cada año repite el ritual completo. Si en algún momento no quieres utilizar la rosa, quítale el agua y déjala secar, guardándola en un paño blanco. Podrás volverla a utilizar cuando lo desees o regalarla a alguien que la necesite. Es eterna.

Bibliografía y fuentes consultadas

- *Enciclopedia de hierbas y herboristería*. Malcolm Stuart. Año 1981. Ediciones Omega.

- *Guía de los aceites esenciales*. Jennie Harding. Año 2004. Equipo de edición S.L.

- *Terapia sexual con hierbas*. Laura Terreno. Año 2002. Fapa Ediciones.

- *El mundo de los perfumes*. Fabienne Pavia. Año 1996. Iberlibro.

- *La mujer. Su salud, su higiene, su belleza*. Año 1929. René Vaucaire.

- *Para ser siempre hermosa*. Emma de D'Avignon. Casa Editorial Viuda. de Luis Tasso.

- *Larousse del perfume y las esencias*. Año 2000. Dirección Joaquín Navarro. Larousse editorial.

- *El lenguaje de las flores*. Baronesa de Fresne. Año 1876. Editor Saturnino Calleja.

- *La abadía del perfume. El arte de vestir la piel*. Marisa Cuyas y Victoria Braojos. Año 2013. Editorial Aldevara.

- *Rituales. Un camino hacia la iniciación.* Victoria Braojos. Año 2009. Editorial Aldevara.

- http://www.tsbvi.edu/seehear/summer05/smells-pan.htm

- https://www.communicationmatrix.org/Community/Profiles/Index/2021

- https://www.elpublicista.es/reportajes/marktingolfativohuelefuturomarcas

- https://eprints.ucm.es/20875/1/T34403.pdf

- https://buleria.unileon.es/bitstream/handle/10612/2828/071440718G_GADE_julio13.pdf?sequence=1

- www.Ecologiaverde.com

- www.hacercremas.es

- www.granveladacom

- www.misesencias.es